마르코 폴로
pp. 58-59

현장
p. 42

조지프 뱅크스
pp. 98-99

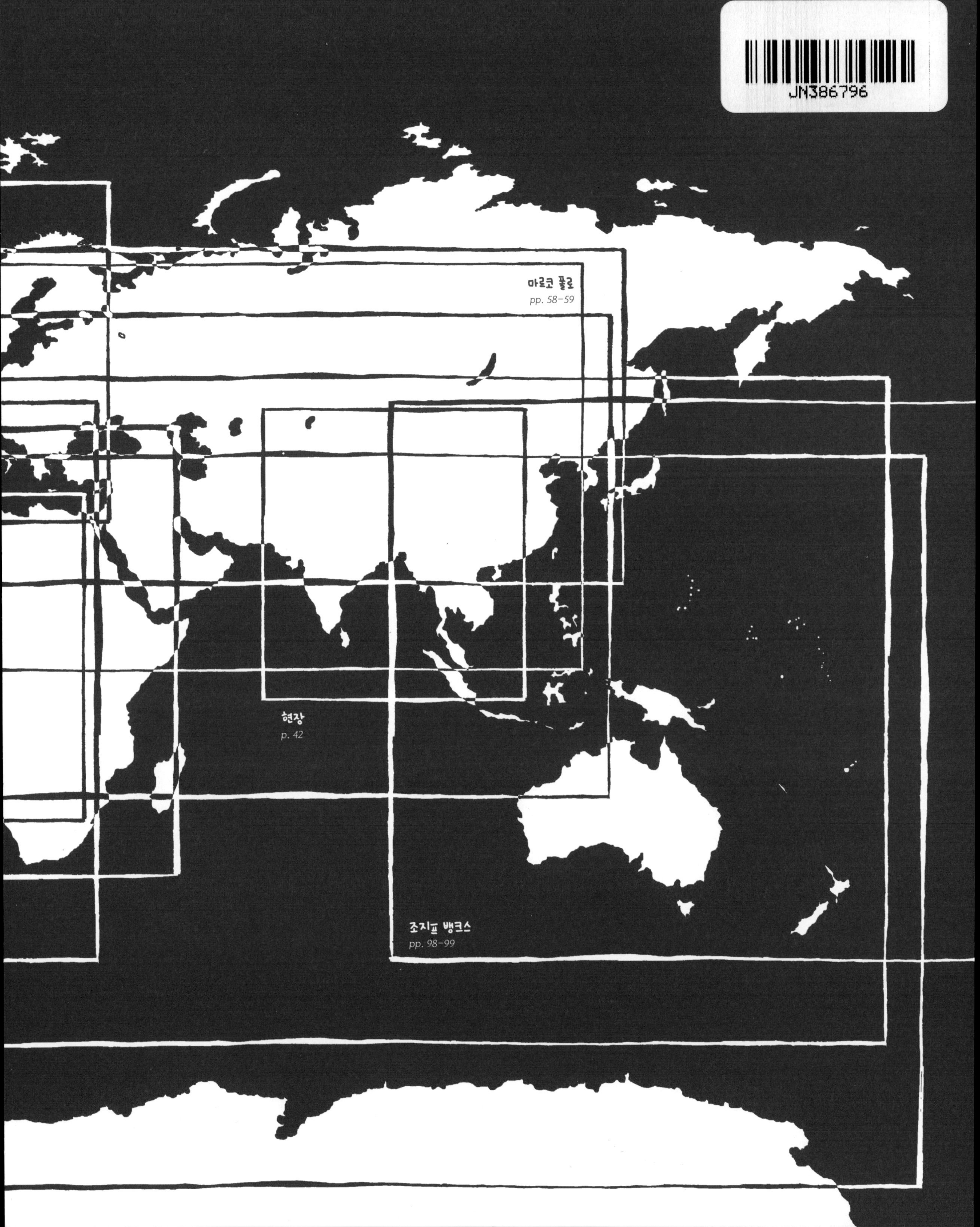

지도 밖의 탐험가

초판 1쇄 발행 2021년 9월 1일 초판 6쇄 발행 2025년 4월 28일
글 이사벨 미뇨스 마르틴스
그림 베르나르두 카르발류
옮김 최금좌

펴낸이 최순영
교양 학습 팀장 김솔미 편집 최란경 키즈 디자인 팀장 이수현 디자인 이남숙
펴낸곳 ㈜위즈덤하우스 출판등록 2000년 5월 23일 제13-1071호
주소 서울특별시 마포구 양화로 19 합정오피스빌딩 17층
전화 02) 2179-5600 내용문의 02)2179-5727
홈페이지 www.wisdomhouse.co.kr 전자우편 kids@wisdomhouse.co.kr
ISBN 979-11-91766-56-1 77900

First published in Portuguese as *Atlas das viagens e dos exploradores*.
Text © Isabel Minhos Martins, 2018.
Illustrations © Bernardo P. Carvalho, 2018.
This edition is published under license from Editora Planeta Tangerina, Portugal.
Korean Translation Copyright © 2021 by Wisdom House, Inc.
All rights reserved.

The Korean language edition is published by arrangement with
Editora Planeta Tangerina, Portugal through MOMO Agency, Seoul.

이 책의 한국어판 저작권은 모모 에이전시를 통해
Editorial Planeta Tangerina사와의 독점 계약으로 (주)위즈덤하우스에 있습니다.
저작권법에 의해 한국 내에서 보호를 받는 저작물이므로 무단 전재와 무단 복제를 금합니다.

*인쇄·제작 및 유통상의 파본 도서는 구입하신 서점에서 바꿔드립니다.
*책값은 뒤표지에 있습니다.
*이 책의 사용 연령은 8~13세입니다.

이사벨 미뇨스 마르틴스 글 베르나르두 카르발류 그림 최금좌 옮김

지도 없는 세상을 상상이나 할 수 있을까?

다른 사람이 없는 세상도 상상할 수 있을까?

자라면서 차츰 우리는 사는 곳이 지구의 어느 부분에 속하는지, 다른 사람들은 지구 어디에 살고 있는지 생각하게 된다. 지금 우리는 지구의 다른 편에 가는 시간을 정확히 계산할 수 있는데, 이는 그동안 수많은 탐험가가 입증한 정보로 만든 지도 덕분이다. 오늘날 우리는 지도 없이 여행하거나 생활하는 것을 상상하기 어렵다.

그러나 지도가 없던 때도 있었다. 당시 사람들은 자기가 사는 곳 바깥에 더 넓은 세상이 존재한다는 사실을 알지 못했다. 즉 그들은 눈앞의 세상 외에 또 다른 세상이 존재한다는 것을 상상조차 하지 못했다.

실제로 보지 못한 세상을 상상하기는 쉽지 않다. 하지만 당시 사람들이 누군가로부터 미지의 세계에 대한 소문이나 전설, 혹은 불가사의한 이야기를 전해 들었다면 어떻게 반응했을까? 어떤 이들은 매우 불안해 했을 것이고, 또 다른 이들은 호기심을 이기지 못하고 그곳으로 여행을 떠나고자 했을 것이다.

그렇다면 어떤 사람들이 여행을 떠났을까?

인간의 상상력에는 한계가 없다고 한다. 하지만 지도가 없던 시절에는 아무도 이 세상이 어디서 시작해서 어디서 끝나는지 알지 못했다. 아무것도 확실하지 않았기 때문이다.

하지만 몇몇 사람들은 미지의 세계를 알기 위해 지구 곳곳을 탐험하며 그동안 알려지지 않았던, 숨겨진 길을 찾아내고 새로운 길을 개척했다. 그리고 그곳에 새로운 사람과 동식물이 존재한다는 사실을 밝혀냈다.
탐험을 시작하면서 그들은 다시 돌아오지 못하거나 무슨 일이 생길지도 모른다는 두려움보다는 강한 호기심과 열정으로 목숨을 건 모험을 택했을 것이다. 하지만 우리는 그들의 모험이 어떻게 시작되었는지 알 수 없다. 단지 상상만 할 뿐이다.

그들의 모험이 어떻게 시작되었을지 함께 상상해 볼까?

어느 날 누군가 다른 곳을 향해 떠났다. 그리고 한 번도 연결되지 않았던 두 곳을 처음으로 연결한 길이 그려진 첫 번째 지도가 나왔다. 이후 더 많은 지도가 만들어졌다.
하지만 지구의 끝이 어디인지도 몰랐던 시기에 만들어진 지도들은 매우 제한적이고 단편적인 정보만 제공할 뿐이었다. 따라서 당시의 지도에는 여전히 많은 지역이 미지의 영역으로 남아 있었다.
그런데 호기심 많고 모험적인 사람들은 그 거대한 빈 공간을 관찰하고 싶은 주체할 수 없는 충동 때문에 탐험을 떠날 수밖에 없었을 것이다.

그들은 그곳에 도착하고 나서야 충분히 상상할 수 있었다!

아무도 탐험하지 않아 미지로 남아 있던 지역들은 누군가에 의해 발견되기만을 기다리고 있었다. 그런데 여기서 우리가 중요하게 생각해야 할 것은, 그동안 미지의 세계를 덮고 있던 것들을 벗겨 세상에 드러낸 "발견"이라는 단어이다.

그동안 수많은 탐험가와 여행가가 새로운 항로나 육로를 발견해 우리를 다른 지역과 연결했다. 호기심이 많거나 부에 대한 욕망이 큰 사람들이 "신세계"로의 여행을 감행한 결과, 오늘날 이 지구에는 더 공평하고 정의로운 사회가 세워졌다. 우리는 지구의 지름*이 얼마인지 알고, 양극이 약간 평평한 구 형태임을 안다. 눈을 감고도 오대양 육대주를 그림으로 그릴 수 있고, 세계에서 가장 높은 산은 어디인지, 강들이 어디에서 시작해서 어디로 흘러가는지, 대초원, 사막, 빙하가 어디에 있는지를 그려 낼 수도 있다.

예를 들어 중국, 뉴질랜드, 북극, 카보베르데뿐 아니라 희망봉, 오스트레일리아, 인도, 지브롤터 해협과 마젤란 해협, 타클라마칸 사막, 갠지스강, 카스피해, 우랄산맥, 안데스산맥, 수마트라, 침보라소 화산, 쿠바, 파타고니아, 심지어는 '다윈'이라고 불리는 도시가 어디에 있는지도 그려 낼 수 있다.

하지만 사람들은 여기에 만족하지 않고 더 많은 것을 알고자 했다

탐험가들의 활동으로 미지의 세계가 밝혀졌고, 그들 덕분에 우리는 "비교와 참고의 기준"을 갖게 되었다. "저 산에 비해 이 산이 높다"거나, "저 산에 비해 이 산이 가깝다" 혹은 "저 바다에 비해 이 바다는 거칠다"라고 말할 수 있게 된 것이다.

우리는 우리 세계를 벗어나는 순간, 우리 자신에 대해 더 잘 알게 된다. 다른 세계에 사는 사람들과의 차이점이 우리의 정체성을 더 잘 이해하도록 도와 주기 때문이다. 이러한 경험은 불완전하지만 언제나 진행 중이다.

---

* 지구의 평균 지름은 12,742km이다. 다만 적도선 둘레의 직경은 북극과 남극을 연결한 둘레의 직경보다 약간 더 크다.

차례

피테아스 *31* • **현장** *39* • **카르피니** *47*

마르코 폴로 *55* • **이븐바투타** *65* • **바르톨로메우 디아스** *77*

잔 바레 *85* • **조지프 뱅크스** *95* • **훔볼트** *103*

다윈 *111* • **메리 헨리에타 킹즐리** *121*

무엇이 탐험가들로 하여금 길도 없는 곳으로 가도록 이끌었을까?

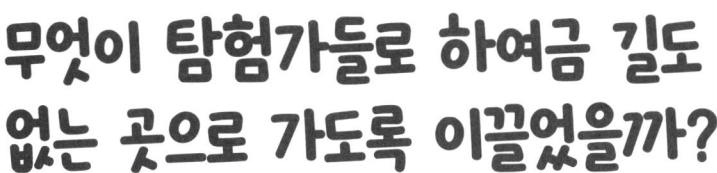

수세기 동안 인간이 다른 곳으로 이동한 주된 원인은 생존이었다. 사람들은 식량 부족, 혹독한 기후, 피비린내 나는 전쟁, 사악한 폭군을 피해 혼자 또는 집단으로 이주했는데, 이런 일은 오늘날에도 여전히 일어나고 있다.

그러나 인류 역사에 기록된 위대한 이동은 때때로 이와는 전혀 다른 이유에서 시작되었다. 그중 가장 흔한 이유는 강력한 왕이나 황제가 특정 지역의 토지를 정복하거나 해당 지역의 특산품 거래를 통제한 것이다.

사람들이 살던 곳을 떠나 새로운 지역에 정착하는 가장 근본적인 이유는 가족의 생존을 위한 물이나 토지를 충분히 얻지 못했기 때문이다. 따라서 그들은 더 나은 조건을 가진 장소를 찾을 때까지 그때까지 알려지지 않은 미지의 지역을 통과해야만 했다. 하지만 그들이 먼 길을 떠났던 그 옛날에는 지도라는 것이 존재하지 않았다.

17~18세기 많은 사람이 포르투갈, 스페인에서 브라질로 이주했다. 브라질에서 금, 은, 다이아몬드 같은 귀금속, 광물이 발견되었기 때문이다. 반면 북아메리카의 초기 탐험가들은 동물 가죽을 얻기 위해 탐험 여행을 떠났다.

순수하게 과학적인 목적으로 항해한 최초의 사례는 프랑스 측지선(測地線) 임무(1736~1744)였다. 이 탐험대의 주 임무는 지구가 완전한 구체인지 아니면 아이작 뉴턴의 주장처럼 북극과 남극이 약간 평평한 형태인지 알아내는 것이었다 (결과는 아이작 뉴턴이 옳은 것으로 판명되었다).

기원전 2세기, 중국의 한(漢)나라 사람 장건의 여행 목적은 달랐다. 그는 북방 국경을 위협하는 강력한 흉노족과 싸우기 위해 서방의 동맹군을 찾아 13년간 서방을 여행했다. 그는 나중에 자신이 방문했던 부유하고 선진적인 서방 지역의 이야기를 글로 남겼다.

역사의 특정 시점까지 순전히 모험을 위한 여행은 그리 많지 않았다.

그런데 18세기에 큰 변화가 일어났다. 당시 유럽의 탐험가들이 신세계(아메리카)에 대한 호기심과 지적 욕구에서 여행을 시작한 것이다. 이베리아 왕실은 식민지였던 중남미에 요새를 건설하기 위해서 전략적으로 상인과 군인들을 파견했는데, 이때 지리학자, 자연학자 등 일부 과학자와, 외국과의 관계를 강화할 외교관들을 동행하게 했다.

새로운 길을 찾고자 하는 탐험가들 외에도, 예술가들의 탑승은 해당 지역의 풍경과 동식물들을 기록하는 데 중요했다. 카메라가 없던 시절, 영국 화가 윌리엄 호지스는 쿡 선장의 두 번째 태평양 항해(1772~1775)에 참여하여, 타히티와 남극을 배경으로 한 멋지고 놀라운 풍경화를 남겼다.

여기서 짚고 넘어가야 할 것은 미지의 세계에 가장 먼저 도착한 사람이 우리에게 잘 알려진 유명 탐험가가 아니었을지도 모른다는 사실이다

유명 탐험가가 특정 장소에 도착했을 때, 그곳에는 대체로 원주민이 살고 있었다. 물론 이름 모를 다른 탐험가가 일찌감치 그곳을 지나갔을 가능성도 있었다. 그들이 익명으로 남은 이유는 기록으로 남기지 않았거나 기록이 우리에게 전달되지 않았기 때문이다. 이런 세부 사항들(실제로는 그리 자세하지 않다)이 유명 탐험가들의 명성을 깎아내리지 않게 하려면, 단어 선택에 신중할 필요가 있다.

예를 들어 '발견'과 '탐험' 중 어느 단어가 더 정확할까?

그렇다면 무엇이 이 두 종류의 여행을 구별할까? 발견을 위한 여행은 거의 언제나 특정 장소로 가는 길을 열어 주는 역할을 했다.

탐험 여행은 그때까지 서로 소통하지 않았던 두 지역을 연결했다. 그리고 무역의 길을 열었다. 탐험가들은 정확한 목적지 없이 여행하며 새로운 사람과 새로운 종류의 동식물을 만났고, 귀국 후 자신의 모험담과 해당 지역의 문화를 생생하고 세세한 기록으로 남겼다.

수년간 남아메리카를 여행했던 알렉산더 폰 훔볼트는 유럽으로 돌아오자마자 새로이 알게 된 모든 것에 대해서 기록하기 시작했다. 그는 파리에 도착하자마자 일련의 학술회의와 세미나를 조직해 자신이 관찰한 것에 대해 발표하고 수집한 종의 표본을 보여 주었다. 그 덕분에 학술회의장은 언제나 호기심 많은 사람들로 붐볐다.

크리스토퍼 콜럼버스가 카리브해에 있는 섬에 도착했을 때, 수천 명의 원주민이 이미 살고 있었다고 한다. 아마 당시 원주민의 수는 수백만 명 정도였을 것으로 추정된다.

또 다른 예, "발견"인가?
"서로 다른 인종의 만남"인가?

앞서 언급했듯이 아직 유럽에 알려지지 않은 수많은 땅에는 이미 다른 사람들이 살고 있었다. 따라서 많은 학자가 콜럼버스의 여행을 "발견"보다는 "서로 다른 문화를 가진 사람들의 만남"이라고 부르는 것이 더 정확하다고 주장한다. 그런데 호기심으로 시작된 이들의 만남은 종종 서로에 대한 불신과 두려움, 오해를 불러 일으켰다.

원주민과의 소통이 어려운 이유에 대해 메리 킹즐리는 "언어뿐 아니라 세상을 보는 시각이 다르기 때문"이라고 언급한 바 있다. 그녀는 서아프리카를 여행한 후, 원주민들이 "거슬러 올라갈 때와 내려갈 때" 강을 다른 이름으로 부른다는 사실을 알아냈다.

소통의 어려움에 대한 또 다른 예는 유명한 모로코 여행가 이븐바투타의 에피소드이다. 어느 날 그가 소변을 보러 강가에 갔는데, 그와 동행한 원주민이 "예의 있게" 거리를 두지 않고 무례하게도 그에게 가깝게 서 있었다고 한다. 이븐바투타는 나중에 그 원주민이 그렇게 행동한 것은 무례해서가 아니라 그 순간 강가에 접근하던 악어로부터 자신을 보호하기 위해서였다는 사실을 깨달았다.

많은 탐험가가 총으로 무장한 채 가진 물건을 팔라고 원주민에게 강요했고, 원주민이 그 요구에 복종하지 않으면 주저 없이 사살했다. 이 외에도 그들은 "신세계"에는 존재하지 않았던 천연두, 매독, 독감 등의 전염병을 옮겨 면역력이 없던 원주민 수천 명을 사망케 했다.

오늘날의 시각에서 보면 당시 유럽인들의 잔학 행위는 결코 자랑스럽지 못한 추악한 것이었다.

그러나 훔볼트는 그 시대의 다른 탐험가들과는 달리 원주민들을 존중했다. 그것은 그가 나무껍질을 핥는 것만으로 나무의 종을 구분해 내는 원주민의 지식에 매료되었기 때문이다.

모든 탐험이 성공적이었던 것은 아니다

유럽 탐험가들의 여행이 모두 "성공적"이라고 할 수는 없다. 그들의 배가 낯선 땅에 정박한 뒤 가장 흔히 일어난 일이 그동안 자연 속에서 평화롭게 살던 수많은 원주민을 마구잡이로 학살했기 때문이다.

탐험가 반열에 오를 자격이 있는 인물들

원주민은 처음 만난 유럽인을 불신과 두려움의 눈으로 바라보았다. 그것은 매우 자연스러운 현상이었다. 그러나 유럽인 가운데 원주민의 안내로 미지의 땅을 탐험한 사람도 있었다.

종종 원주민의 환대를 남용하는 유럽인도 있었지만 항상 그런 것은 아니었다.

원주민들의 안내로 미지의 땅을 탐험한 대표적인 인물이 뉴질랜드의 산악인 에드먼드 힐러리이다. 그는 원주민 셰르파 텐징 노르가이와 함께 1953년 에베레스트산 최초 등반이라는 업적을 세웠다.

저쪽으로 가야 해요!

또 다른 예는 북아메리카 대륙을 처음으로 횡단한 대탐험에서 원주민 여성 새커거위아가 유럽인들이 가장 편한 길을 선택하도록 도운 것이다.

그렇다면 여성 탐험가도 있었을까?

왜 여성 탐험가나 모험가는 남성 탐험가나 모험가보다 적을까? 수세기 동안 세계 대부분의 지역에서는 여성이 남성보다 열등하다고 생각했다. 단적인 예로 거의 전 세계에서 여성은 19세기 말까지 투표권을 갖지 못했다. 심지어는 누군가를 고소하거나 재산조차도 소유할 수 없었다. 여성의 직무는 단지 집안일과 자녀 양육에 한정되었다. 부유한 계층의 여성조차도 특정한 교육을 받거나 직업을 가질 수 없었다. 따라서 여행은 생각조차 할 수 없었다.

여성의 여행은, 그것도 혼자서 여행하는 것은 수세기 동안 부정적으로 여겨졌다. 하지만 많은 여성이 당시 사회의 편견에 도전해 온갖 종류의 어려움을 극복하며 새로운 길을 만들어 냈다.

역사상 최초의 여성 등반가는 패니 워크먼(1859~1925)이다. 그녀는 결혼과 출산 후에도 자신이 가장 좋아하는 등산과 자전거 여행을 계속했다.

또 다른 뛰어난 여성으로는 네덜란드의 알렉산드린 티네(1835~1869)가 있다. 그녀는 나일강을 하류에서 상류로 거슬러 올라가기 위해 어머니와 이모, 몇 명의 하녀들을 데리고 아프리카로 떠났다.

이 책에 나오는 탐험가들의 선정 기준

그동안 수많은 탐험가가 지구를 탐험했다. 이 책은 그들 중에서 활동 시기와 출신 국가를 다양화하고 여성 탐험가를 포함한 대표 탐험가들을 선정했다.

새로운 세계에서 만난 사람들과 문화, 자연을 존중하며 그 사회의 가치와 사고방식에 순응했는가도 이 책의 탐험가 선정 기준으로 삼았다. 왜냐하면 그들은 수십 년 전까지만 해도 존재하지 않았던 '인권'이나 '생물 다양성' 같은 개념을 진작 실천한 인물들이기 때문이다.

그렇다고 그 탐험가들의 행적을 오직 장밋빛으로 칭송만 하려는 것은 아니다. 여기서는 그들이 결코 자랑스러워 할 수 없는 면에 대해서도 언급했다. 바로 거기에서 중요한 교훈을 얻을 수 있을 것이라고 생각하기 때문이다.

자, 이제 그들과 함께 여행을 떠나 보자!

출발 시기

1245
조반니 데 피아노 카르피니

629
현장

1254
마르코 폴로

-350
피테아스

1304
이븐바투타

1862
메리 헨리에타 킹즐리

1769
알렉산더 폰 훔볼트

1450
바르톨로메우 디아스

1743
조지프
뱅크스

1809
찰스 다윈

2000

1740
잔 바레

피테아스

지구의 끝을 향한 여행

피테아스는 그리스인 최초로 지브롤터 해협을 통과한 탐험가이다.

그는 대담하게도 하늘의 별들을 지표 삼아 영국의 한 섬으로 갔다. 그런 다음 북쪽으로 탐험을 계속하여 바다와 하늘이 얼어붙은 곳에 도착했다. …… 그가 도착한 곳은 과연 어디였을까?

피테아스는 어떤 사람이었을까?

피테아스는 기원전 4세기 그리스의 식민시 마살리아(현재의 프랑스 마르세유)*에서 태어났다. 그가 카르타고인들이 통제하던 지브롤터 해협을 탐험한 것은 정부로부터 귀중한 주석 광산을 찾아내라는 임무를 받았기 때문이다.

당시 그리스 배들이 지브롤터 해협을 통과하지 못한 이유는 무엇이었을까?

당시 지브롤터 해협은 카르타고인들이 점령하고 있었다. 그들은 페르시아와 동맹을 맺었기 때문에 그리스에는 당연히 적이었다. 그리스의 배가 지브롤터 해협을 통과하지 못했던 또 다른 이유는 카르타고인들이 금속 거래 통제권을 뺏기지 않으려 했기 때문이다.

피테아스는 주석 광산을 찾고자 했는데, 주석을 구리와 혼합하면 당시 가장 널리 쓰이던 금속인 청동을 만들 수 있었기 때문이다. 당시 청동은 무기, 도구, 동전, 장신구 등을 만드는 데 쓰였다.

피테아스는 어떻게 지브롤터 해협을 통과한 것일까?

그가 어떻게 카르타고인들의 감시를 속였는지는 알려지지 않았지만, 아마도 육로로 어느 지점까지 간 뒤 그곳에서 배를 만들어 조심스럽게 지브롤터 해협을 건넜을 것으로 추측된다.

지도가 없던 시절 피테아스는 어떻게 길을 잃지 않았던 것일까?

피테아스는 당시 유명한 지리학자, 수학자, 천문학자였다. 그가 항해 도중 방향을 잃지 않고 목적지에 도착할 수 있었던 것은 북극성이 떠 있는 위치로 자신이 있는 곳의 위도를 계산할 수 있었고, 오랜 기간 함께 항해한 다른 탐험가에게서 유용한 항해 기술과 정보를 체득했기 때문이다.

도시 마살리아는 기원전 6세기 현재의 터키에서 온 그리스 정착민들이 세운 지중해의 주요한 무역항이었다.

지브롤터 해협의 옛 명칭은 "헤라클레스의 기둥"이다. 그리스 신화에 따르면, 헤라클라스는 12가지 과업 중 하나를 수행하기 위해 아틀라스산맥을 넘어야 했다. 그런데 헤라클레스는 그 거대한 산을 오르는 대신 괴력으로 산줄기를 없애버렸다. 그 결과 바다를 막고 있던 아틀라스산맥이 갈라지면서 대서양과 지중해가 생겨났고, 그 사이에 지브롤터 해협이 생겨났다고 한다.

피테아스의 여정

1. **출발지: 마살리아**

2. **콘월**
   피테아스와 그의 선원들은 콘월에서 여러 번 배를 멈추었는데, 대개는 배에 연료를 넣거나 그곳의 지리와 주민 풍습에 대해 기록하기 위해서였다.

3. **스코틀랜드**
   피테아스는 여행 중 해가 떠 있는 시간이 지역마다 다르다는 사실을 알게 되었다. 스코틀랜드 북부 원주민이 가르쳐 준 이 사실로 그는 "1년 중 특정 시기에 밤이 두 시간밖에 지속되지 않는 곳"이 있음을 알았다.

4. **오크니 제도**
   피테아스는 물을 등지고 헤엄치는 거대한 물고기를 목격했다. 하지만 그것이 무엇인지는 알지 못했다.

5. **툴레**
   피테아스는 툴레를 '세상의 끝'이라고 묘사했지만 그는 세상의 끝이 어디인지 확실히 알지 못했다. 다만 셰틀랜드 제도나 아이슬란드 정도일 거라고 추정할 뿐이었다.

6. **북쪽 어디인가**
   피테아스는 항해 중 우연히 짙은 안개가 낀 얼음 바다를 만났다. 처음 경험하는 자연 조건에서, 그는 항해를 지속할 수 없다고 판단하고 귀국길에 올랐다.

7. **호박 해안 통과(발트해)**
   피테아스는 귀국길에 호박(장식에 사용되는 화석화된 나무 수지)이 매우 풍부하다고 알려진 해안 지역을 찾아 나섰다.

피테아스의 여행에서 배울 점은 무엇일까?

북유럽에서는 이미 오래전부터 페니키아와 카르타고 사람들이 해상 무역을 하고 있었다. 피테아스는 그리스인 최초로 지중해를 넘어 탐험을 시작한 인물로, 새로 도착한 지역의 지형, 사람, 풍습 등을 상세하게 기록해 역사에 남았다.

그는 '대양을 넘어서'라는 제목의 보고서를 남겼지만 불행히도 수많은 고대 문헌들처럼 그것 역시 소실되었다. 지금 우리에게 알려진 내용은 모두 여러 사람을 거쳐 후대에 쓰인 글에서 밝혀진 것이다!

예를 들어 지리학자 스트라본은 "지리학자 히파르코스는 피테아스가 말하기를…"이라고 인용하는 방식으로 글을 남겼다. 당시 피테아스가 무엇을 얘기하려고 했는지는 정확히 알 수 없다.

그런데 놀라운 사실은 피테아스의 보고서를 읽은 거의 모든 사람(대부분 유명 지리학자들이었다)이 그의 묘사가 비현실적이라고 조롱했다는 것이다. 지리학자 스트라본은 주저 없이 그를 "수다쟁이", "거짓말쟁이"라고 공격하는가 하면, 피테아스가 남긴 저서를 "픽션"이라고 매도했고, 그가 "대서양 서쪽과 북쪽에 위치한 나라들에 무지했다"라는 글을 남겼다.

그러나 시간은 피테아스의 기록 대부분이 옳았음을 입증했다. 특히 위도에 대한 그의 기록은 거의 완벽할 정도로 정확했음이 증명되었다.

우리가 피테아스의 여행에서 얻을 수 있는 가장 큰 교훈은, 절대 불가능해 보이는 일들이 일어날 수 있다는 것을 인정하는 것이다. 이러한 생각이야말로 과학과 아이디어가 발전하기 위한 중요한 단서가 될 수 있다.

피테아스보다 300년 정도 앞선 기원전 6세기, 아낙시만드로라는 그리스 지리학자가 세계 최초의 지도라고 여겨지는 지도를 그렸는데, 그것은 아래의 지도와 흡사했다.

이후 피테아스와 다른 항해가들이 유럽 북쪽과 동쪽 땅에 대한 좀 더 발전된 지도를 그렸다. 아래의 지도는 기원전 3세기에 활동한 그리스의 수학자이자 천문학자 에라토스테네스가 그린 것이다.

하나의 예: 영국제도 북부를 항해하던 피테아스 일행은 30미터나 되는 거대한 파도를 만났다. 처음 경험하는 거친 바다에서 그들은 항해를 지속하는 것이 불가능하다고 판단했다. 그러나 오늘날의 항해사들은 매우 강한 바람이 불면 그런 파도가 생길 수 있음을 안다.

현장

실크 로드의 철학자이자 통역사였던 수도자

대개 여행 서적만으로는 어느 한 지역을 완전히 이해할 수 없다.
하지만 그런 책을 읽은 사람 중에는 직접 가 보고 싶어 하는 사람이 있기 마련이다.
7세기 당나라의 승려였던 현장도 인도와 관련된 책을 읽고
인도 여행을 결심했다.

정확한 단어를 찾기 위한 여행

현장은 602년, 중국 북동부 지역의 학자 집안에서 태어났다. 그의 아버지는 공자를 존경하는 유학자로, 정의와 정직, 조상에 대한 공경을 중요한 가치로 삼았다. 따라서 현장은 자연스럽게 유교 교육을 받으며 성장했다.

그런데 현장은 아버지가 돌아가신 후, 형의 영향으로 불교 승려가 되었다. 불교에 지대한 관심을 갖고 있던 그는 유교 서적은 물론 불교 서적도 닥치는 대로 읽었다. 그 과정에서 그는 불교 서적에서 모순을 발견했고, 그 모순의 근본 원인을 번역에서 찾았다.

사실 현장은 스승들로부터 충분한 도움을 얻지 못했다. 따라서 그는 불교를 더 연구하기 위해 부처와 그의 제자들이 살았던 인도에 가기로 결심했다. 불교 서적 원본을 직접 보고, 거기에 기록된 성스러운 장소들을 방문하려는 계획이었지만 그것을 실행에 옮기기는 쉽지 않았다.

현장은 실크 로드에서 수많은 산맥과 사막, 숲, 호수 등을 가로질러야 했다. 그는 거기서, 잠자던 용들이 나타나 여행가들을 놀라게 했다는 내용의 보고서를 남겼다.

그가 어릴 때 교육받은 유교의 위대한 격언 중 하나는 "당신이 하기 싫은 일을 남에게 시키지 말라"이다.

현장의 여정

❶ 출발지: 629년 장안(현재의 시안)

현장이 장안을 출발하고자 했을 때 중국은 혼란한 시기를 겪고 있었다. 그 때문에 여행 허가서를 얻지 못한 현장은 늙은 말을 타고 몰래 출국했다.

❷ 주천(현재의 주취안)

여행 초기 현장은 밤에만 길을 걸은 탓에 길을 잃고 말았다. 그 상황에서 그가 목숨을 부지할 수 있었던 것은 그가 타고 있던 말 덕분이었다. 그의 말이 본능적으로 물이 있는 곳으로 그를 데려간 것이다.

❸ 투루판

현장은 영적 지도자로서 고창국 왕(국문태)의 환영을 받았다. 하지만 왕은 그를 계속 성안에 붙잡아 놓으려 했다. 이에 현장은 단식 투쟁으로 항의했고, 결국 계속 여행해도 좋다는 허락을 받았다.

❹ 타클라마칸 사막

현장은 "모래 폭풍에 시달린 이들은 틀림없이 죽게 될 것"이라며, 타클라마칸 사막의 모래 폭풍에 대해 경고했다.

❺ 박트리아 지역(현재의 아프가니스탄)

좁은 철문 협곡을 가로지르는 사람은 오직 상인과 도둑, 승려뿐이었다.

❻ 갠지스강

현장은 인도의 갠지스강에 도착한 뒤, 부처의 삶과 관련된 성지들을 방문했다.

❼ 날란다 사원

현장은 약 1만 명의 승려가 거주하는 불교 연구의 위대한 중심지, 날란다 사원에 도착했다. 그는 그곳에서 산스크리트어를 비롯한 다양한 언어를 완벽하게 습득하고 불교 철학을 연구하여 훗날 현인으로 추대되었다.

❽ 인더스강

현장은 인더스강을 건널 때, 그동안 자신이 연구하고 번역하던 불교 경전의 원본 일부와 수집한 식물 종자들을 잃어버렸다.

❾ 645년 장안으로 귀환

중국의 황제는 성대한 환영식으로 현장을 맞이하고 그에게 장관직을 제의했다. 그러나 현장은 남은 생애 동안 오직 불교 서적 번역에만 전념하기를 원했기에 그 제의를 거절했다. 그가 가지고 간 불교 관련 원고의 분량은 500상자가 넘는다고 알려져 있다.

현장의 여행에서 얻을 수 있는 또 다른 교훈은?

현장은 귀국 후 황제의 요청에 따라 인도 여행을 기록했다. 그것은 일종의 보고서로, 여행의 모든 단계에 대한 설명과 "용과 비늘을 가진" 환상적인 동물에 대한 묘사도 포함시켰다.

현장은 청해호(칭하이 호수)에 대해 다음과 같이 썼다.

"물은 푸르스름한 검은색이고, 물맛은 쓰고 짜다. 파도는 요란하게 전진하여 호숫가에서 사라진다. 그곳에는 물고기와 용이 함께 산다. 비늘이 있는 괴물이 수면 위로 올라오는 엄청난 장면이 연출되면, 지나가는 여행객들은 자신과 가족의 행운을 빌기 위해 기도한다."

현장은 그곳을 지나는 여행객들에게 다음과 같이 조언했다.

"이 길을 여행하는 사람들은 붉은색 옷을 입거나 장막 안에서 소리를 내서는 안 된다."

현장은 불교 종파 중 하나인 유가행파의 거장이 되었다. 그 종파의 가르침은 다음과 같다.

"이 세상의 모든 것은 우리의 마음이 만들어 낸다."

위 문장에서 세상은 우리가 머릿속에서 생각한 현실을 의미한다. 그런데 그것은 과학자들이 이미 증명했듯이 우리 바깥에 존재하지 않는다.

그렇다면 현장은 왜 용과 같은 환상적인 생명체를 봤다고 기록했을까? 그것은 아마도 오랜 여행에서 겪은 배고픔과 피로, 두려움 때문에 생긴 착시 때문이었을 것이다. 그럼에도 불구하고 현장은 자신이 세상을 바꿀 수 있다고 생각했다.

육체적 고통이 수반된, 영적으로 충만했던 여행

현장은 인도 여행의 동기에 대해 "현명한 남자가 제 마음의 혼란스러운 문제를 해결하기 위해서"라고 말한 적이 있다. 그는 여행 중 육체적 고통과 영적 고통을 겪었다. 육체적 고통은 늙은 말을 타고 하루에 수천 킬로미터를 달려야 했고, 영적 고통은 불교에서 참스승을 찾지 못한 것과 번역할 때 정확한 단어와 알맞은 표현을 하기 위한 고민 때문이었다.

현장은 자신이 넘어야 했던 산들이 얼마나 위험했는지에 대해 다음과 같이 기록했다. "가파른 산길은 위험했고, 바람은 차갑고 날카로웠다. 때때로 나타난 사나운 용이 여행가들을 공격하여 그들의 발걸음을 멈추게 했다."

카르피니

몽골인을 만나기 위해 수도사로 위장한 스파이

교황 인노켄티우스 4세는 조반니 데 피아노 카르피니에게 동양으로 출발하라는 명령을 내렸다.
카르피니가 맡은 임무는 유럽의 평화를 위협하던 몽골군의 최고 책임자를 만나 협상하는 것이었다.
당시 60세 노인이었던 카르피니는 그 막중한 임무를 수행하기 위해 수도사로 위장하고 여행에 나섰다.
결과적으로 그는 교황이 원한 평화 협정 소식을 전하지는 못했지만, 자신이 직접 보고 겪은
동양의 풍습을 기록한 최초의 서양인으로 남았다.

적을 알기 위한 여행

유럽과 아시아를 최초로 여행한 사람들은 주로 승려, 수도사 같은 종교인들이었다. 중국 승려들이 성스러운 불교의 발상지인 인도나 티베트를 향해 여행을 떠난 것처럼(우리는 앞에서 이미 그들 중 한 사람을 만난 바 있다), 유럽의 가톨릭인들 또한 동양을 향해 여행을 떠났다.

조반니 데 피아노 카르피니 역시 종교적인 이유로 동양을 향해 출발했다. 1180년 이탈리아의 도시 페루자에서 태어난 그는 가톨릭 프란체스코 교단의 창시자인 '아시시의 성 프란체스코'의 친구이자 제자였다.

카르피니가 몽골로 가게 된 배경

몽골군은 1240년 키예프를 공격한 후 둘로 나뉘어 현재의 폴란드(레그니차)와 헝가리(모히)로 진격했다. 치열한 전투 끝에 몽골군은 두 도시에서 모두 승리했다. 그런데 얼마 지나지 않아 몽골군이 뜻밖에 철수하기 시작했다. 그 이유는 몽골 황제의 사망 때문이었다. 그들은 새 황제를 추대하기 위해 즉시 돌아가야 했다.

유럽인들은 늘 말을 타고 활을 쏠 준비가 되어 있는 몽골 병사들을 두려워했다. 그들은 몽골인들을 사람의 몸에 말의 다리를 가진 켄타우로스라고 생각했다.

가짜 수도사의 스파이 여행!

교황 인노켄티우스 4세는 몽골이 왜 유럽을 공격했는지 알기 위해 몽골 황제에게 사절단을 파견하기로 결정하고, 카르피니를 사절단의 수장으로 임명했다. 카르피니에게는 두 가지 임무가 부여되었는데, 첫 번째는 몽골 황제를 기독교로 개종시키는 것이었고, 두 번째는 몽골의 관습과 몽골군의 전술에 대한 정보를 수집하는 것이었다. 이것은 일종의 간첩 행위였지만 어쨌든 카르피니는 몽골의 새 황제에게 전달할 교황의 친서를 가지고 동양으로 출발했다.

중세 시대 인간의 평균 수명은 50세를 넘지 못했다. 당시 이미 60세 노인이었던 카르피니는 진정한 원로로서, 때때로 매우 가혹한 조건에서 1만 킬로미터나 되는 거리를 여행했다.

카르피니의 여정

❶ 출발지: 리옹(프랑스)
1245년 부활절 일요일, 카르피니는 보헤미아 출신의 수사 스테판과 함께 출발했다.

❷ 크라쿠프
폴란드 출신의 수사 베네딕트가 통역사로서 그들의 여행에 동참했다.

❸ 우크라이나
우크라이나 지역에서 폭설을 만난 사절단 일행은 카르피니가 중병에 걸리자 마차로 이동했다. 키예프에서는 추위에 더 강한 타타르족의 말로 바꿔 탔다.

❹ 드네프르강
카르피니 사절단은 드네프르강에서 가장 큰 몽골군 캠프를 만났다. 카르피니가 몽골인에게 그들의 방문 목적을 설명하고, 베네딕트가 그것을 통역하자, 몽골군이 카르피니 일행을 호위했다.

❺ 볼가강
볼가강변에서 카르피니 일행은 모닥불 사이를 통과하는 의식을 행했다. 이는 바투 족장을 만나기 전 반드시 치러야 하는 정화 의식으로, 모든 악을 파괴한다는 의미가 있었다.
족장은 위대한 몽골 황제를 알현하기 위해 카르피니 사절단 일행이 그곳을 떠나는 것을 허락했다. 그들의 다음 목적지는 몽골 제국의 수도인 카라코룸이었다.

❻ 카라코룸으로 가는 길

말을 타고 하는 긴 여행에서 카르피니 사절단은 피로를 덜기 위해 폭이 넓은 천으로 몸을 감쌌는데, 이는 몸속 장기를 보호하기 위한 것이기도 했다.

❼ 카라코룸에 도착

카르피니 사절단은 106일간의 여행 끝에 5,000킬로미터나 떨어진 목적지에 도착했다. 그리고 새로 추대된 몽골 황제 귀위크 칸(칭기즈 칸의 손자)의 취임식에 참석하여 교황의 친서를 전달했다.

❽ 유럽으로 귀환

카르피니 사절단은 몇 달 후 '위대한' 몽골 황제가 교황에게 보내는 편지를 가지고 귀환했다. 편지의 내용은 다음과 같았다. "당신은 몽골 황제에 대한 충성과 복종을 증명하기 위해, 반드시 혼자 와야 한다. 만일 신의 뜻과 우리의 지시를 무시한다면, 우리는 당신을 적으로 간주할 것이다." 즉 이 편지에는 "이곳을 통치하는 사람은 바로 나 몽골 황제! 따라서 교황과 동맹을 맺을 가능성은 없다!"라는 의미가 내포되어 있었다.

❾ 몽골고원

카르피니 사절단의 귀향길은 매우 험난했다. 몽골고원이 위치한 중앙아시아는 온통 눈으로 덮여 있었기 때문에, 모두가 그들이 도중에 죽을 거라고 생각했다. 하지만 그들은 1247년 6월, 키예프에 도착했다. 그곳에 도착한 카르피니는 쉬지 않고 여행 중 보고 들은 것들을 모두 글로 남겼다.

카르피니의 여행이 중요한 이유는?

카르피니는 바그다드를 여행한 뒤 그가 보고 들은 것을 기록했다. 그는 동양에 대한 최초의 기록을 남긴 유럽인이었다. 그는 두 권의 저서를 남겼는데, 하나는 타타르족이라고도 불린 몽골인에 대해 쓴 《몽골인의 역사 Historia Mongalorum》이고* 다른 하나는 《몽골기행 Itinerarium》이다.

카르피니는 자신의 원고에서 몽골인의 종교적 전통, 역사, 정치, 군사 전술, 승려들의 생활 방식을 기술했다. 그리고 유목민인 몽골인들의 천막 생활에 경외심을 드러내기도 했다.

*"그들은 어디로 가든지, 즉 전쟁터로 나가거나
신선한 목초지를 찾으러 나갈 때조차도
자신의 움막을 가지고 다닌다."*

그리고 그는 그들의 식습관에 대해서도 언급했다.

*"몽골인들은 먹을 수 있는 것은 다 먹는다.
심지어는 벌레조차도!"*

어떤 측면에서 몽골인과 그들의 생활 습관에 대한 카르피니의 견해는 매우 비판적이거나 혐오적으로 보일 수도 있다. 하지만 그가 유럽인으로서 교황을 숭배하는 종교인이었다는 사실을 고려할 때, 그러한 시각은 오히려 당연하다.

하지만 그가 남긴 글에서, 그는 놀랍게도 중립적인 시각을 가졌을 뿐 아니라 몽골 문화에 대한 이해심까지 드러내고 있음을 알 수 있다. 그의 원고는 동양에 대한 새로운 정보를 많이 포함하고 있었지만 그의 책이 출판된 것은 200년이 지난 후였다. 그렇기 때문에 당시 서양인들은 동양에 대해서 거의 알지 못했다.

---

* 사실 타타르는 몽골에 예속된 민족이었다.

마르코 폴로

마르코, 니콜로, 마테오의 동양 모험

마르코 폴로의 《동방견문록》은 우리에게 이미 널리 알려져 있다.
하지만 마르코 폴로보다 먼저 그의 아버지 니콜로 폴로와 숙부 마테오 폴로가
상인으로서 아시아 대륙을 모험했다는 사실은 그리 잘 알려져 있지 않다.
마르코 폴로는 성인(15세)이 된 후에야 아버지와 숙부의 여행에 합류하여,
그들을 뛰어넘는 성과를 남길 수 있었다.

이 이야기는 언제 어디서 시작되었나?

13세기 베네치아는 지중해 무역에서 중요한 항구 도시였다. 마르코 폴로 일행은 서양 상품을 가득 싣고 베네치아를 출항하여 육로로 실크 로드를 통과했다. 그리고 그곳에서 귀하고 신비로운 상품들을 가지고 돌아왔다. 그 결과 유럽인들은 '동양은 도대체 어디에 있을까? 동양의 도시들은 어떠한 모습을 하고 있으며, 동양의 왕들은 어떤 방식으로 나라를 통치할까?'라며 동양에 대한 호기심을 드러냈다. 여행가들의 보고서에도 불구하고, 유럽인들은 동양을 흑해 너머에 존재하는, 그래서 여러 날 동안 여행해야 하는, 일종의 "다른 행성"처럼 생각했다.

쿠빌라이 칸은 칭기즈 칸의 손자로, 많은 사람이 그를 두려워했다.

폴로 형제의 첫 번째 모험

니콜로와 마테오 형제는 번화한 도시 베네치아에서 태어나 콘스탄티노폴리스와 크림 지역에 사무실을 두고 무역 일을 했다. 비범했던 그들은 아시아 대륙의 동쪽 끝을 향해 여행을 시도했다. 그리고 당시 그곳에서 가장 영향력 있는 인물이었던 쿠빌라이 칸을 만났다.*

쿠빌라이 칸은 누구인가?

수많은 지역을 정복한 쿠빌라이 칸은 정복지 주민들과의 갈등을 줄이고, 식민지 지도자들이 자신에게 대적하지 못하도록 외국인을 고용하여 그 지역을 통치했다. 이런 전략을 사용했다는 사실은 그가 해당 지역의 분쟁에 크게 관여하지 않았음을 의미한다.

서양에 호기심이 많았던 쿠빌라이 칸은 폴로 형제를 열렬히 환영했다. 그리고 그들을 통해 교황에게 몽골 백성을 가르칠 가톨릭 사제단을 파견해 달라고 요청했다. 이로써 폴로 형제는 중국을 다시 방문할 좋은 구실을 얻게 되었다!

쿠빌라이 칸은 몽골의 황제 중 가장 강한 힘을 가진 인물이었다(칸은 '최고의 왕'을 뜻한다). 그의 제국은 태평양 해안에서 우랄산맥까지, 시베리아에서 아프가니스탄에까지 이르렀다. 이는 당시 서양인들에게 알려진 전 세계 영토의 5분의 1에 해당했다.

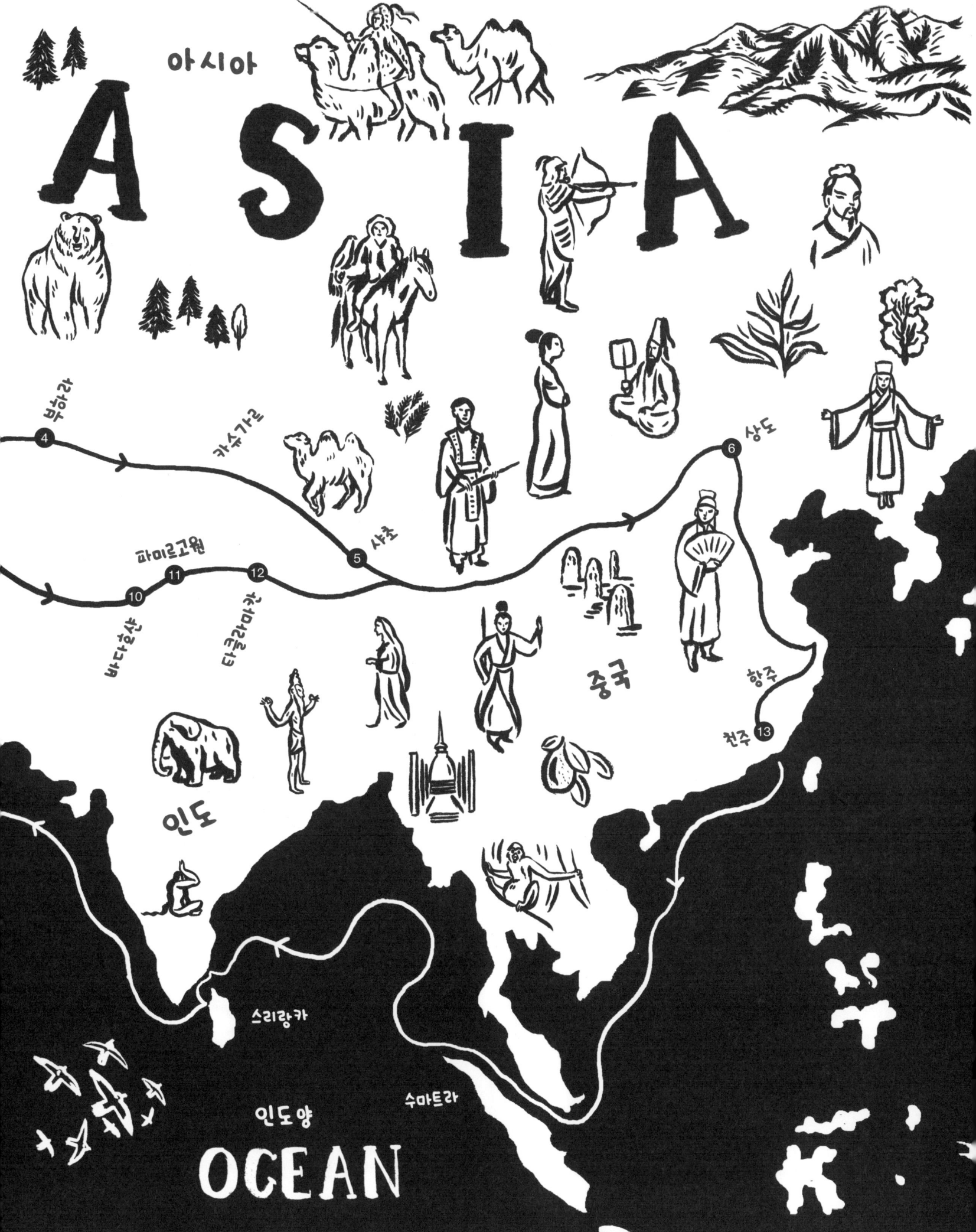

폴로 가족의 첫 번째 여행

여행은 1260년 베네치아 1 에서 시작되었다. 당시 마르코 폴로는 6세였다. 폴로는 너무 어렸기 때문에 아버지와 숙부의 첫 여행에 동참하지 못했다.

니콜로와 마테오 형제는 콘스탄티노플 2 을 향해 항해했다. 그러나 그곳에 도착한 그들은 좀 더 좋은 상품을 찾아내기 위해서 흑해를 건너기로 결정했다.

수리아 3 에서 그들의 보석을 좋은 가격으로 사들인 바르카 왕을 만나 그의 왕궁에서 1년간 거주했다. 하지만 그들이 귀국하려 할 때 전쟁이 일어났다.

그들은 부하라 4 로 피난했다. 그곳에서 페르시아어와 타타르의 관습을 배우며 3년을 보냈다. 그들은 그곳에서 쿠빌라이 칸이 파견한 관리와 접촉한 뒤, 황제가 그들을 만나고 싶어 한다는 사실을 알게 되었다.

그들은 샤초 5 를 떠나 몽골의 여름 수도인 상도 6 로 갔다. 그 길고 힘든 여행은 예측하지 못한 폭설과 홍수로 끊임없이 지연되었다. 그들은 그해 말이 되어서야 목적지에 도착했다. 예정보다 늦었지만, 황제로부터 큰 환영을 받았다.

그들이 비교적 수월하게 베네치아 1 로 돌아갈 수 있었던 것은 황제로부터 받은 특별 여행 허가서 덕분이었다. 1269년, 9년 만에 집에 돌아와 보니 마르코 폴로는 이미 15세의 청년으로 성장해 있었다.

폴로 가족의 두 번째 여행

폴로 가족이 쿠빌라이 칸을 만나기 위해 베네치아❶를 떠난 것은 1271년이었다. 이 여행에는 당시 17세였던 마르코 폴로가 함께했다.

아크레(현재의 이스라엘 아코)❼에서 교황이 파견한 도미니크 교단의 수도사 두 명이 합류했지만(쿠빌라이 칸이 교황에게 선교사를 보내 달라고 요청한 것을 기억하자), 그들은 얼마 지나지 않아서 여행을 포기했다. 하지만 폴로 가족은 여행을 계속했다!

폴로 가족은 배로 여행하는 것이 위험하다고 판단하고, 호르무즈❽에서 육로로 가기로 결정했다. 그러나 육로 여행에는 폭풍과 지진, 예기치 못한 홍수나 산적 같은 또 다른 위험이 도사리고 있었다.

첫 번째 난제는 낙타를 타고 사막❾을 건너는 것이었다. 나쁘지 않은 선택이었지만, 마르코 폴로가 갑자기 아프기 시작해서, 폴로 가족은 공기가 좋은 바다흐샨(현재의 아프가니스탄 지역)❿에서 몇 달간 머물렀다.

폴로 가족은 파미르고원⓫을 가로질렀다. 마르코 폴로는 "세계의 지붕"이라고 불리는 이 고원에 대해 "고도가 너무 높아서 새들이 날 수 없고, 산소가 부족해서 불이 저절로 꺼졌다"라는 기록을 남겼다.

그리고 그들은 실크 로드 한가운데서 또 다른 사막인 타클라마칸⓬을 횡단했다.

폴로 가족은 출발한 지 4년 만에 쿠빌라이 칸의 궁전이 있는 상도❻에 도착했다. 마르코 폴로는 여러 언어를 구사할 줄 알았기 때문에 황제에게 꼭 필요한 인물이 되었다. 그는 17년간 황제를 위해 일하면서, 몽골 제국의 여러 지역을 여행하고 각종 외교 문제를 해결하기도 했다.

1293년, 폴로 가족은 중국을 떠나기로 했다. 쿠빌라이 칸의 나이가 80세에 가까웠고, 그가 죽은 뒤 일어날 일

이 두려웠기 때문이다. 그들은 타타르 공주를 결혼 장소인 페르시아까지 호위하겠다는 구실을 내세워 14척의 배를 이끌고 천주⓭ 항구를 떠났다.

그들은 말들과 코끼리를 이끌고 호르무즈❽ 항구에 상륙하여 육로로 여행을 시작했다. 하지만 그 과정에서 도적 떼를 만나, 가지고 있던 거의 모든 재산을 잃고, 1295년 겨울에 베네치아❶에 도착했다.

어떻게 그토록 많은 정보가 남았을까?

마르코 폴로가 돌아온 지 얼마 되지 않아 베네치아의 가장 큰 경쟁 도시인 제노바와 전쟁이 벌어졌다. 전쟁에 참여했다가 포로로 잡힌 마르코 폴로는 우연히 루스티켈로라는 작가와 같은 감방을 쓰게 되었다. 루스티켈로는 그의 여행담을 책으로 남기고 싶어 했다. 마르코 폴로가 얘기하면 루스티켈로가 받아 적었다. 이로써 《동방견문록》이라는 책이 탄생했다(이 책은 "불가사의한 책" 또는 "세계를 설명한 책"으로도 알려졌다).

마르코 폴로의 이야기 대부분은 순수한 환상이었을까?

마르코 폴로가 임종을 맞이했을 때, 가족과 친구들은 그의 이야기 중 어떤 것이 진실이고 거짓인지, 어떤 것이 과장되었는지 물었다. 이에 마르코 폴로는 "내가 본 것을 절반도 말하지 않았다"라고 대답했다.

이 같은 이야기에도 불구하고 많은 사람이 여전히 마르코 폴로가 중국에 가지 않았을 것이라고 주장한다. 중국을 여행한 사람이라면, 반드시 만리장성과 다도, 젓가락으로 밥을 먹는 풍습 등에 대해 언급했을 것이라고 생각하기 때문이다. 그러나 중국을 다녀온 다른 여행가들 가운데 만리장성을 언급하지 않은 경우가 있고, 또 중국인들의 일상에 익숙해져 있던 마르코 폴로에게는 다도나 젓가락이 그리 신기하게 느껴지지도 않았을 것이다.

그런데 여기서 유념해야 할 점은 그가 그 책의 저자가 아니었다는 사실과 원본이 소실되었다는 것이다. 따라서 오류와 누락, 여행 경로에 대한 혼란이 있는 것은 당연하다.

많은 학자가 《동방견문록》을 당시의 중국 연대기와 비교했다. 그리고 그 책의 내용이 (비록 폴로의 이야기를 받아 쓴 루스티켈로의 상상이 약간 덧붙여졌음에도 불구하고) 대부분 믿을 만하다는 결론을 내렸다. 그의 책은 시간이 지나면서 더 많은 사람의 호기심과 상상력을 불러일으켰다.

예를 들면, 크리스토퍼 콜럼버스는 '아메리카 대륙을 발견'한 그의 역사적인 여행에 《동방견문록》을 들고 갔다. 콜럼버스는 이 책에 나오는 도시 이야기를 몇 번이고 읽으며, 바다를 통해 인도로 갈 수 있다고 생각했다.

일확천금을 꿈꾸는 자는 부를 얻을 기회를 갖게 마련이다

우리는 마르코 폴로가 상인 집안의 후손이라는 사실을 기억해야 한다. 즉 그의 여행은 다른 세상에 대한 호기심 때문이 아니라, 부를 추구하기 위한 것이었다. 따라서 그는 가는 곳마다 금이나 귀중한 보석, 사업과 관련된 이야기에 관심을 보였다. 그의 관심은 머무는 지역의 부에 그치지 않고 다른 지역과의 무역을 통해서 더 많은 부를 얻는 데에 있었다. 따라서 그는 교역하려는 지역과 사람들에 대한 이해를 높이려는 의도로, 그곳의 관습과 특성을 매우 세밀하게 묘사하는 치밀함을 보였다. 따라서 그가 남긴 책은 당시 그의 관심 지역에 대한 정보를 총망라한 것이라고 할 수 있다.

세상이 그렇게나 많이 변한 것일까?

그 많은 변화에도 불구하고, 오늘날 우리가 사는 세상은 폴로 가족이 살던 세상과 그리 다르지 않을 것이다. 무역은 계속되고 상인들은 최대한의 부를 얻고자 한다. 중국은 서양인들에게 여전히 다소 신비한 나라다(반대의 경우도 마찬가지지만). 자국 영토를 넓히고 싶어 하는 강력한 지도자들은 무역 전쟁은 물론 모든 종류의 분쟁을 불사한다. 물론 이런 일이 일어나는 속도는 지금이 전보다 훨씬 더 빠르다.
그런데 13세기 중반에 이미 그 모든 일들이 일어나고 있었다.

대부분의 여행은 더 나은 삶을 살도록 우리를 변화시킨다

마르코 폴로는 여행 초기 베네치아인의 시각으로 동양 세계를 바라보았다. 대부분의 사람은 미지의 세계에 대한 두려움 때문에, 여행지의 관습, 심지어 종교적 관습까지도 따르려고 한다. 실제로 여행 기간이 길어지면서 마르코 폴로 또한 해당 지역 주민들로부터 기꺼이 많은 것을 배우려는 쪽으로 바뀌었다고 말한다. 이런 태도 변화야말로 여행의 진수가 아닐까?

이븐바투타

아시아로의 긴 여행

21세에 집을 떠나 50세가 되어서야 고향으로 돌아온 이븐바투타는
"세계 역사상 최고의 여행가"로 평가된다.
긴 여행 동안 그는 홀로 여행하거나 대상을 만들어 여행을 지속했다.
그는 걷거나 낙타나 배를 타고 여행하면서 그때까지
서양인들이 한 번도 발을 디딘 적 없었던 인도, 중국, 인도네시아 지역을 여행했다.

몇 달간의 여행은 생각지도 않게 길어졌다

이븐바투타는 1304년, 북아프리카의 도시 탕헤르에서 태어났다. 이슬람 율법 학자였던 아버지와 같은 길을 걸었던 이븐바투타는 21세가 되자 종교를 좀 더 깊이 공부하기 위해 이슬람의 성지인 메카를 순례하기로 결심했다. 그는 출발 당시를 다음과 같이 회상했다.

"나는 내가 사랑한 모든 사람을 떠나기로 결심했다. 마치 새들이 둥지를 떠날 때처럼 집을 나섰다."

예정대로라면 몇 달 후에 집으로 돌아와야 했지만, 그가 돌아온 때는 29년이 지난 뒤였다.

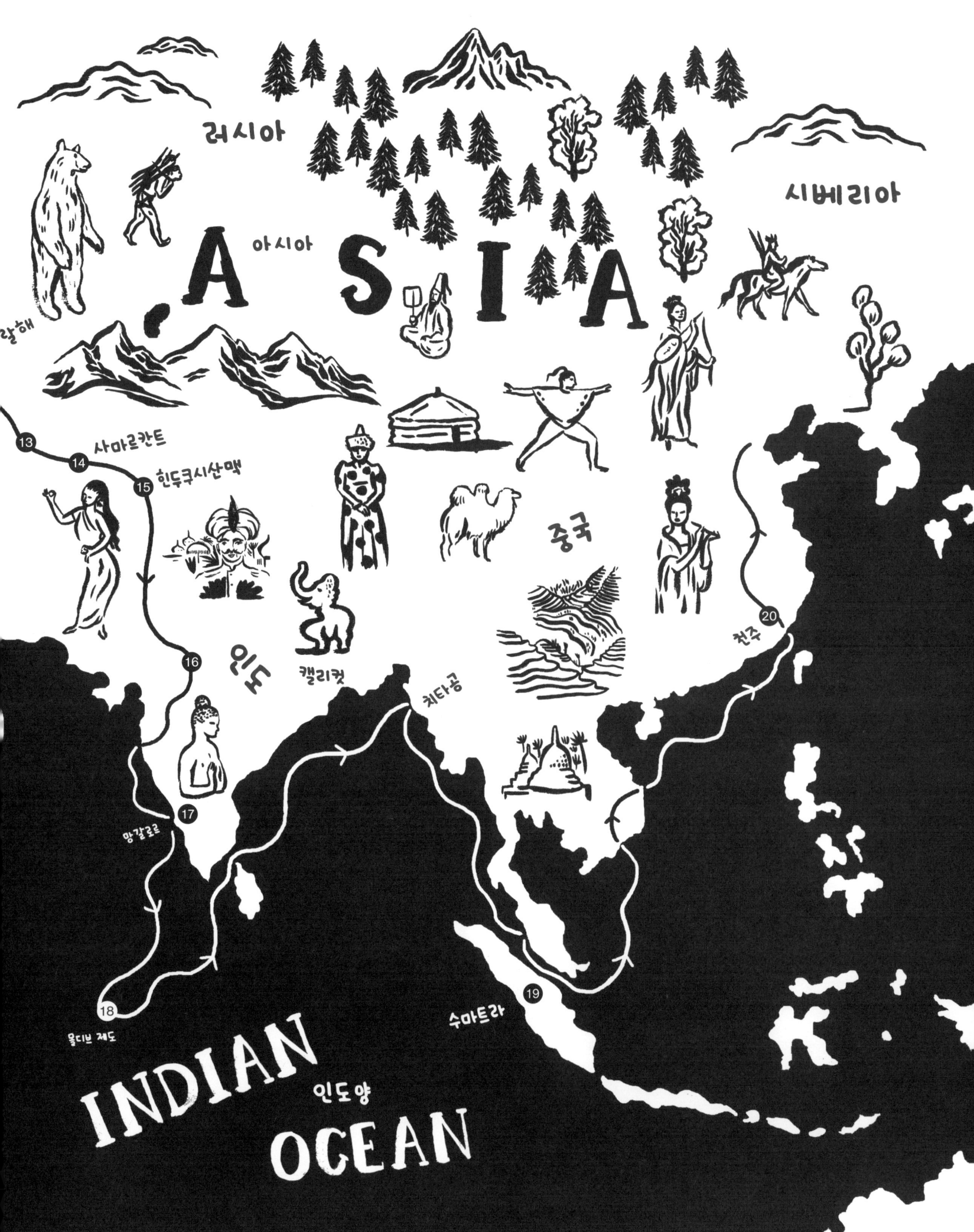

이븐바투타의 여정

앞에서 제시한 지도의 경로를 살펴볼 것.

1325년 6월 14일, 이븐바투타는 당나귀를 타고 동쪽을 향해 탕헤르 ①를 출발했다! 여행 초기 그는 누구와도 동행하지 않고 홀로 여행했다.

알렉산드리아 ②에 도착한 그는 이미 폐허가 된 거대 등대와 다른 기념물을 방문했다. 그리고 그 지역의 현인들도 만났다.

카이로 ③에 도착해서는 그곳이 세상에서 가장 "아름답고 화려한" 도시라며 감탄했다. 그곳에서 낙타로 물을 실어 나르는 사람들의 수가 1만 2,000명에 이른다는 사실에 매우 놀랐고, 그곳의 수녀원, 대학, 시립 병원 등을 방문했다.

이븐바투타는 이슬람 성지인 메카로 가기 위해 가장 짧은 경로인 홍해를 건너기로 결심했지만 나일강 ④을 따라 내려가던 중 반란 세력을 만나 카이로로 돌아가야 했다.

대해서 그때까지 자신이 본 것 중 가장 호화로운 시설이라고 묘사했다.

그리고 다시 메카 ❻ 로 돌아갔다. 이슬람 성지인 메카는 몇 번이고 방문할 가치가 있다고 생각했기 때문이다.

그는 바다를 통해 자리아 ❽ 에 갔다. 그는 그곳을 자신이 방문했던 도시 중 "가장 불쾌한 도시"였다고 묘사했는데, 거리에 생선 썩는 냄새와 목 잘린 낙타 사체의 피 냄새가 진동했기 때문이다.

자파르 ❾ 에 도착한 그는 그곳의 바나나 크기에 감명을 받았다. 바나나는 400g에 가까웠다. 바닷가에서는 어부들이 굴 채취를 위해 거북이 껍데기로 만든 마스크를 쓰고 오랜 시간 물속에서 작업하는 것을 관찰했다.

다마스쿠스 ❺ 에서 그는 모스크를 보고 "이처럼 웅장하고 아름다운 완벽한 건축물은 이 세상에 존재하지 않을 것"이라며 감탄했다. 그리고 덧붙이기를 "다마스쿠스 전통에 따르면 이곳에서 기도하는 것이 다른 곳에서 3만 번 기도하는 만큼 효과가 있다"라고 말했다.

메카 ❻ 에서 그는 주민들이 "선행을 베풀기를 좋아하며 외국인에게 친절하다"고 묘사했다. 또 "우아하고 깨끗한 흰옷"을 즐겨 입으며 향수를 많이 사용하고, 눈 화장을 짙게 하며 이가 반짝이도록 끊임없이 닦는 것이 특징이라고 묘사했다.

마침내 이븐바투타는 메카에 도착했다. 하지만 그곳에서 여행을 끝내지 않고, 연구를 위해 더 많은 곳을 여행하고자 했다.

그리하여 그는 바그다드 ❼ 로 갔다. 그곳의 목욕탕에

이븐바투타는 아프리카 동부 해안의 일부를 따라 내려가다가 호르무즈를 통해서 또다시 메카❻로 갔다. 그곳에서 델리의 술탄이 외국인을 환영한다는 소문을 듣고 인도로 가기로 결심했다.

콘스탄티노플(현재의 이스탄불)❿에 도착한 그는 "교회와 수도원이 너무 많아서 셀 수조차 없었다"며 놀라워했다.

콘스탄티노플에서 아스트라한⓫으로 가려면 사막을 횡단해야 했다. 추운 겨울이었기 때문에 그는 "바지 두 개, 털 코트 세 개를 겹쳐 입고, 양털로 만든 양말 위에 천으로 만든 양말을 겹쳐 신었다. 그리고 곰 가죽을 댄 말가죽 부츠를 신었다."

사라추크⓬에서부터는 또다른 사막을 횡단해야 했는데, 낙타에게 먹일 사료와 물 부족 때문에 가능한 한 빨리 횡단하고자 했다.

사마르칸트⓮에 가려면, 동양과 유럽 간의 비단 무역으로 유명한 실크 로드⓭를 따라가야 했다.

힌두쿠시산맥⓯을 넘는 일은 매우 힘들고 위험했다. 이븐바투타는 "추위와 눈 때문에 이 산에서 많은 힌두 노예 아이들이 죽었다"라는 기록을 남겼다.

그는 인도 델리⓰에서 약 8년간 판사로 일했다. 하지만 인도의 정치 변동으로 사건이 터지자 그곳을 떠나기로 결심했다.

이븐바투타는 인도 남부까지 여행했다. 망갈로르⓱에서 여러 날 단식을 하거나 미래를 예측하는 남자들을 보고 깜짝 놀랐다. 하지만 그는 "인도 남자들이 '이상한 일들'을 할 수 있는 것은 이 세상의 재화나 허영심이 필요하지 않도록 훈련받았기 때문"이라며 그것을 "당연하게" 받아들였다.

으으으... 너무 추워...

그는 몰디브 제도에서 9개월 정도 체류하는 동안 네 번이나 결혼했는데, 그것은 배가 정박하는 동안만 유효한 "임시 결혼"이 그곳의 관례였기 때문에 가능한 일이었다.

이븐바투타는 이어서 인도네시아에서 가장 큰 섬인 수마트라[19]로 갔다. 그 지방의 술탄이 그에게 중국까지 여행할 수 있는 배 한 척을 내어 주었다.

그는 중국의 천주[20]에 상륙했다. 중국의 풍습은 조금 이상하게 보였지만, 그는 중국의 조직과 치안, 과일과 예술에 경탄했다.

1349년에야 그는 고향으로 돌아가는 여정에 올랐다. 그는 탕헤르[1]에 도착하자마자 몇 달 전 흑사병으로 사망한 어머니의 묘지를 찾았다.

하지만 이후 몇 년간 이븐바투타는 사하라 사막[21]과 통북투[22]까지 여행을 지속했다. 그가 최종적으로 집에 도착한 해는 1354년이었다.

여행은 더 많은 세계를 아는 데 도움이 된다

이븐바투타는 종교적 이유로 여행을 시작했다. 따라서 여행의 첫 번째 목표는 메카 순례였고, 두 번째 목표는 이슬람 세계의 모든 나라를 여행하는 것이었다. 그러나 그 역시 새로운 세계를 발견할 욕심과 호기심 때문에, 자신과 다른 신앙을 믿는 러시아 남부와 중국까지 여행하게 되었다.

중국에서 그는 그가 받았던 이상한 인상을 숨기지 않았다. 그곳에서는 이슬람교도를 발견할 수 없었고, 중국인들은 이븐바투타의 동족들과는 매우 다른 방식으로 살고 있었기 때문이다. 그런 불편한 감정에도 불구하고, 그는 중국의 풍경, 혁신, 심지어는 자두와 달걀에도 감탄했다.

"중국에서 자두를 맛보기 전까지 나는 다마스쿠스의 자두가 최고라고 생각했다. 중국은 훌륭한 멜론도 생산한다. … 여기서는 우리나라에 있는 모든 과일을 맛볼 수 있는데, 그 맛이 같거나 심지어는 더 좋다."

"사실 중국의 암탉과 수탉은 매우 크다. 닭은 우리의 거위보다 더 크고, 달걀은 우리의 거위 알보다 더 크다."

여행가 한 사람이 다음 여행가를 위해 새로운 길을 개척한다

이븐바투타는 1354년 탕헤르로 돌아왔다. 그는 그로부터 15년간, 즉 자신이 죽을 때까지 여행에서 보고 들은 이야기를 다른 사람에게 받아쓰게 했다. 그가 남긴 기록에는 새로운 세계의 지리, 역사, 관습과 관련된 내용들이 세밀하게 묘사되어 있어서 다음 여행가들에게 소중한 자료가 되었다. 콜럼버스의 아메리카 발견보다 100년 더 빨랐던 그의 여행을 통해서, 서양은 동양에 대해 더 많은 것을 배우고 앞으로 있을 탐험을 잘 준비할 수 있었다.

이븐바투타는 중국의 화폐에 대해 다음과 같은 기록을 남겼다. "구매와 판매는 손바닥만 한 크기의 종이에 술탄의 도장이 찍힌 지폐로만 이루어졌다." 이 아이디어가 얼마나 혁신적이었는지는 500년 후인 18세기가 되어서야 유럽에서 지폐가 탄생했다는 사실에서 알 수 있다(중국에서는 지폐를 7세기부터 사용했다).

바르톨로메우 디아스

두려움에 맞선 여행

15세기의 항해사들은 폭풍과 강한 조류와 싸워야 했을 뿐 아니라,
그들 마음속 괴물들과 무서운 이야기들을 물리쳐야 했다!
'폭풍의 곶(현재의 희망봉)'에 도착했을 때, 바르톨로메우 디아스는
아다마스토르라는 거대한 바위를 성공적으로 돌아서,
이 세상이 아프리카 대륙의 남단에서 끝나지 않는다는 것을 증명해 냈다.
따라서 그는 역사상 처음으로 두 대양을 연결한 장본인이 되었다.

온 사방이 바다!

15세기 초반까지, 유럽인들의 세계 지리 지식은 정확하지 않았고 매우 제한적이었다. 그들은 유럽, 아시아, 아프리카라는 세 대륙의 존재는 이미 알고 있었지만, 아프리카 대륙의 크기나 아시아의 많은 지역에 대해 거의 알지 못했다. 더군다나 아메리카 대륙에 대해서는 아는 바가 없었다.

물론 마르코 폴로나 이븐바투타 등의 일부 여행가들은 이미 대륙을 넘어 국가 간 무역을 행한 바 있다. 그러나 그들의 여행은 거의 모든 일반인에게 여전히 드물고 위험하게 인식되었기 때문에, 타지에 대한 지식은 정확하게 전달되지 않았다.

지리책에는 종종 미지의 장소에 대한 전설과 이야기가 섞여 있었다. 따라서 사람들은 적도 지역에는 너무 뜨거운 기온 때문에 사람이 살지 않는다고 생각했고, 또 지구 어딘가에는 《동방견문록》에 나온 환상적인 존재나 괴물 같은 생명체가 살고 있다고 믿었다.

《동방견문록》에는 상상의 나라와 생물들이 묘사되어 있다.
저자는 실제적인 사실과 환상을 섞어서 기술했다.
따라서 그 책은 용, 나무, 가슴에 눈을 가진 사람, 금을 나르는 개미,
거대한 외발을 가진 사람들로 가득 차 있었다.

중세 시대의 지도는 여전히 2세기 그리스 지리학자 프톨레마이오스 지도의 영향 아래 제작되었다. 당시에는 T-O 유형의 지도가 많이 그려졌는데, 여기서 T는 세 대륙(유럽, 아프리카, 아시아)을 나누는 지중해였고, O는 모든 것을 둘러싼 거대한 바다였다.

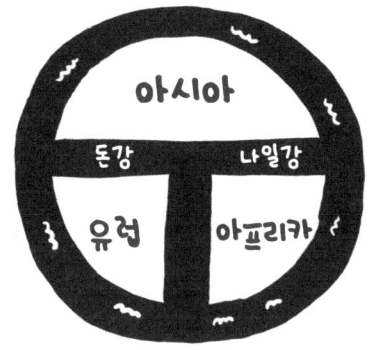

평평한 지대는 다섯 지역으로 나뉘었다.
사람이 살 수 없는 두 개의 빙하 지역과 한 개의 열대 지역, 그리고 사람이 살 수 있는 두 개의 온대 지역으로.

5세기 초, 포르투갈이 인도로 가는 항로를 개척하고자 했을 때, 사람들은 카나리아 제도를 넘어 항해할 수 없다고 생각했다. 그러나 포르투갈 왕 주앙 1세의 아들 엔히크 왕자는 원대한 프로젝트를 세워 그것을 증명하고자 했다. 이로써 포르투갈 항해사들은 아프리카 해안을 따라서 탐험하기 시작했다.

희망봉을 정복할 수 있을까?

그때까지 서아프리카 해안을 따라 희망봉을 넘어 항해한 사람은 없었다. 항해사들은 때때로 "거기서 누가 살아 돌아온 거 본 적이 있어?"라고 농담을 주고받았지만, 새로운 도전을 하고자 하는 사람들이 나타나기 시작했다. 가장 어려운 것은 강한 해류 탓에 '죽음의 곶'으로 알려진 보자도르곶을 통과하는 것이었다. 그런데 1434년 질 이아네스가 12년간 실패를 거듭한 끝에 바지선을 이끌고 그곳을 통과했다!

가치 있는 일이었을까?
그렇다. 모든 것이 가치 있는 일이었다.
만일 원대한 꿈을 갖고 보자도르를 넘고자 한다면
고통을 감수해야 한다!*

이후 수십 년간, 포르투갈의 커다란 삼각돛배(카라벨)들은 리스본을 출발하여 서아프리카 해안의 나우곶, 보자도르곶, 브랑쿠곶, 베르데곶, 록소곶을 하나씩 정복했다. 그들의 탐험은 엔히크 왕자가 죽은 뒤에도 계속되었으며, 아프리카 대륙 내부도 탐험했다.

누가 세상 끝까지 가고자 했나?

주앙 2세가 포르투갈을 통치하던 1487년, 포르투갈 배들은 파르다 산맥에 닿았다(지도 참조). 당시 포르투갈인들은 인도양으로 가는 길을 찾고자 했고 인도와 주변 육지로 이어지는 바닷길을 꿈꿨다. 그들은 당시 육지 무역을 장악한 아랍인과 터키인에 대항해 함께 싸워 줄 가톨릭 동맹을 찾으려 했던 것이다.
하지만, 이 해로를 통과하려면 사람들이 세상의 끝이라고 생각했던 아프리카 대륙 최남단이라는 거대 장애물을 극복해야 했다. 그곳은 바다가 갑자기 끝난 곳으로, 거대한 폭포가 통과하는 모든 삼각돛배와 탑승자들을 집어삼켜 매우 위험했다.

그곳을 통과한 선원들은 당시 자신이 느낀 두려움에 대해 "바르톨로메우 디아스가 이끌었던 그 항해는 진정 두렵고 무서운 여행 그 자체였다"라는 글을 남겼다.

---
* 포르투갈의 대표적 시인 페르난두 페소아의 작품 《메시지》 중 "포르투갈의 바다"에서

바르톨로메우 디아스의 여정

❶ 출발지: 1487년 8월, 리스본

바르톨로메우 디아스의 함대는 두 대의 삼각돛배와 보급품을 실은 배로 구성되었다.

❷ 엘미나

함대는 엘미나에서 물과 신선한 식료품을 제공받았을 가능성이 높다.

❸ 파르다 산맥

한 번도 가본 적 없던 곳에 도착한 포르투갈 항해사들은 새로운 지명을 붙였다. 어떤 때는 그날에 해당하는 가톨릭 성자의 이름을 붙이기도 하고, 어떤 때는 지리적 특징을 부각해 이름을 짓기도 했다.

❹ 뤼데리츠만

바르톨로메우 디아스는 강한 바람 때문에 항해를 중단했다. 그는 생필품을 실은 작은 바지선이 바람에 전복되거나 현지인들과 접촉을 시도하라고 권하는 사람들에게 배를 맡기고 떠나게 될 것을 우려했기 때문이다.

❺ 볼타스만

어려움은 계속되었다. 북쪽으로 끊임없이 부는 바람 때문에 함대는 5일간 같은 자리에서 빙빙 돌았다.

❻ 조금 먼 바다로…

바르톨로메우 디아스는 대담한 결정을 내렸다. 해안에서 한 걸음 물러나 먼바다로 항해하는 것이었다. 하지만 선원들은 추위와 공포로 두려움에 떨었다. 아프리카 대륙의 뜨거운 열대 기후가 지나간 뒤, 얼어붙을 것 같은 찬 바람이 사방에서 불어왔기 때문이다.

❼ 동쪽으로, 그리고 다시 북쪽으로 향했다!

13일이 지나도록 아무것도 보이지 않자, 배의 방향을 우선 동쪽으로 바꾸었다. 그럼에도 육지가 보이지 않자 또 다시 북쪽으로 방향을 바꾸었다.

❽ 브라쉬만

2월 초, 마침내 육지를 발견했다. 바르톨로메우 디아스는 그가 이룬 위대한 업적을 아직 깨닫지 못했지만, 어쨌든 그들은 아프리카의 남단을 도는 데 성공했다! 이로써 함대는 인도양을 향해 항해하게 됐다.

❾ 모셀만

함대는 아주 작은 만에 배를 댔다. 모두를 놀라게 한 것은 그들이 여기서 본 것이 괴물이 아닌 소였다는 사실이다.

❿ 선상에서 격렬한 토론이 벌어졌다!

바르톨로메우 디아스는 계속해서 항해하고자 했으나 선장과 선원들은 식량이 부족하고 항로가 험하다며 돌아가길 원했다. 결국 귀국하기로 결정했다.

⓫ 폭풍의 곶(그리고 희망봉 이후)

귀국 항해 중 거대한 폭풍을 만났지만, 아슬아슬하게 그곳을 벗어났다!(하지만 역설적이게도 바르톨로메우 디아스는 13년 후, 바로 그 근처에서 폭풍을 만나 죽었다!)

⓬ 뤼데리츠만(또다시)

육지에 남아 나머지 선원들을 데리고 귀국했다(하지만 5명은 이미 사망했다). 생존자 중 한 사람은 살아 돌아온 동료들을 보고 감격했다!

⓭ 1488년 12월, 리스본

출발했던 리스본 광장에 도착해서 성대한 환대를 받았다. 출발한 지 16개월 17일 만이었다.

바르톨로메우 디아스의 여행에서 배울 점들
(이 시기에 있었던 다른 탐험들)

15세기 포르투갈 항해자들은 주로 바다표범 기름, 고추, 금, 상아, 노예 등을 가져가기 위해 아프리카 해안을 따라 항해했다. 그들은 인도로 항해하던 중 우연히 발견한 브라질에서도 같은 일을 반복했는데, 그것은 함대의 주목적이 포르투갈을 더 부유하고 강력한 나라로 만드는 것이었기 때문이다. 그러나 처음 항해가 시작되었을 때, 장차 그것이 가져올 이익은 불확실했다. 이를 두고 포르투갈의 위대한 시인 루이스 드 카몽이스는 "한 번도 가보지 않은 바다로" 나아가려면 어떤 환경에도 적응할 수 있는 능력을 갖추어야 한다고 말했다.

이 시기 포르투갈인이 한 일들은 우리를 불편하게 한다. 자신들의 이익을 위해 아프리카인을 신대륙으로 데려가 노예 무역을 했고, 신대륙에서 만난 원주민을 학살했다. 그들의 무자비한 행위는 인류 역사를 바꾸었다. 따라서 우리는 포르투갈인의 항해가 어떻게 시작되었고, 어떻게 지구의 여러 대륙을 어떻게 연결했는지를 이해해야 한다. 왜냐하면 그들의 행위가 한편으로는 부정적인 결과를, 다른 한편으로는 긍정적인 결과를 초래했기 때문이다. 이로써 바다로 갈라졌던 사람들은 다시 이어졌고, 서로의 지식들뿐 아니라 세상을 영원히 바꿔 놓은 상업적, 문화적 교류가 생겨났다.

15세기 이전까지 인류는 다른 대륙 사람들의 존재 자체를 알지 못했다. 오늘날 우리는 그런 것을 상상이나 할 수 있을까?

베네치아 항해사 카다모스토는 엔히크의 명으로, 아프리카 해안을 여러 번 항해했다. 그는 원주민들이 유럽에서 온 배와 선원들에게 어떻게 반응했는지 기록을 남겼다. 이 글은 카다모스토의 시각에서 쓰였지만, 이를 통해 첫 만남에서 상대방에게 느꼈던 이상한 감정을 알 수 있다.

"바다를 항해하던 포르투갈의 삼각돛배를 처음 보았을 때, 아프리카 원주민들은 이상한 곳에서 온, 하얀 날개를 가진 새라고 생각했다. 돛을 내린 배를 보고는 물고기라고 생각했다. 어쨌든 아프리카 원주민들은 포르투갈의 선박과 선원들을 몹시 두려워했는데, 그 이유는 그들이 밤에 엄청난 속도로 항해했기 때문이었다. 원주민들은 포르투갈인들을 유령이라고 생각했다."

이 시기 항해도 과거 항해처럼 과학과 기술 발전에 기여했다. 포르투갈 항해사들은 항해에 필요한 여러 지식을 기반으로 "대항해 시대"를 열었다. 즉 그들은 별을 보고 위치를 알았고, 지도와 항해 도구를 만들었다. 또한 배를 건조하기 위한 지식도 갖추었다.

잔 바레

역사상 최초로 세계 일주를 한 여성

18세기 프랑스는 왕실 선박에 여성이 승선하는 것을 법으로 금지했다.
따라서 여성 과학자나 화가가 왕이 조직한 탐험선에 참여한다는 것은 생각할 수도 없는 일이었다.
그러나 잔 바레는 이를 무시하고 '별'이라는 뜻의 프랑스 선박 레투알에 남장을 하고 승선했다.
그녀가 생명의 위험을 무릅쓰고 승선한 배는 프랑스 최초로 전 세계를 일주하려 하였던 작은 선박이었다.

인생을 바꾼 시골 여행

시골 여성 중에는 종종 진정한 식물 전문가들이 있다. 책이나 연구와는 거리가 먼 이 "여성 식물 전문가들"은 '실용적인 지식'이 많았다. 그들은 일상에서 얻은 경험을 통해 인근 도시의 약사, 외과 의사, 치과 의사에게 약재를 제공했다. 잔 바레 역시 그런 사람이었다.

프랑스의 가난한 농민 가정에서 태어난 잔 바레가 오늘날 "여성 식물 전문가"로 칭송받게 된 계기는 필리베르 코메르송과의 우연한 만남 때문이었다. 당시 코메르송은 젊은 홀아비로 프랑스에서 가장 재능 있는 식물학자 중 한 명이었다.

그들은 만나자마자 상대가 식물에 관심과 열정이 있음을 알아보았다. 첫눈에 사랑에 빠진 그들은 같이 살면서, 잔 바레가 들에서 약초를 캐 오면 전문가인 필리베르가 그 식물의 종과 특징을 설명해 주었다.

그러던 어느 날 필리베르가 왕실 식물학자로 임명되었다. 그 때문에 고요한 전원생활을 하던 그들은 파리로 이사했다. 머지않아 새로운 도전은 그들의 삶을 위험에 빠뜨렸다. 필리베르가 루이 15세에게 루이 앙투안 드 부갱빌 이끄는 대규모의 탐험대에 합류하라는 명령을 받았기 때문이다.

이 탐험은 프랑스가 7년 전쟁에서 패배한 뒤 잃어버린 위상을 바로 세우기 위한 첫 번째 세계 일주였다.

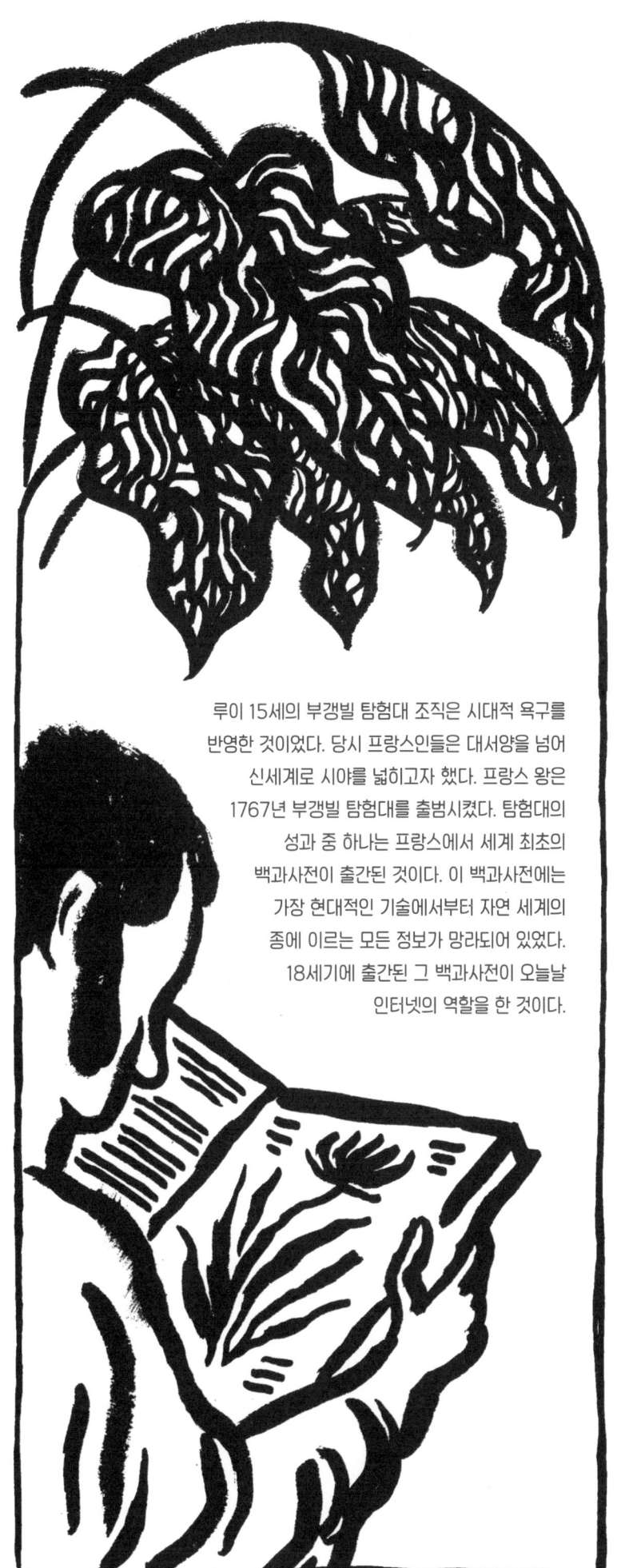

루이 15세의 부갱빌 탐험대 조직은 시대적 욕구를 반영한 것이었다. 당시 프랑스인들은 대서양을 넘어 신세계로 시야를 넓히고자 했다. 프랑스 왕은 1767년 부갱빌 탐험대를 출범시켰다. 탐험대의 성과 중 하나는 프랑스에서 세계 최초의 백과사전이 출간된 것이다. 이 백과사전에는 가장 현대적인 기술에서부터 자연 세계의 종에 이르는 모든 정보가 망라되어 있었다. 18세기에 출간된 그 백과사전이 오늘날 인터넷의 역할을 한 것이다.

그렇다면 잔 바레는 어떻게 되었을까?

필리베르 코메르송은 한 치의 망설임 없이 국왕의 명령을 따랐다! 그러나 문제는 동거인이자 헌신적이고 유능한 조수인 잔 바레를 두고 떠나야 한다는 것이었다. 사랑 때문에 야망과 경력을 포기할 수 없었던 이 18세기 과학자는 은밀한 묘수 하나를 찾아냈다. 그것은 원정대 출발 전날까지 조수를 못 구했다는 핑계를 대며, 마지막 순간에 자신의 조수로 승선시키는 것이었다. 하지만 이는 매우 위험한 일이었다.

배가 출항하는 날, 계획대로 잔 바레는 남장을 하고 승선했다. 여자 잔(Jeanne)이 남자 장(Jean)이 되기 위해선 머리를 짧게 자르고, 가슴이 드러나지 않게 붕대로 칭칭 감싸야 했다. 필리베르와 함께 승선한 잔 바레는 작고 비좁은 화물선에서 100명이 넘는 남자들과 수개월 동안 함께 생활해야 했는데, 그 과정에서 얼마나 많은 고통을 받았을지는 충분히 짐작할 수 있다.

그렇다면 '잔'이 어떻게 '장'으로 변장할 수 있었을까? 당시 연극에서는 변장을 해서 남자아이가 여자아이 역할, 또는 여자아이가 남자아이 역할을 할 수 있었다. 또한 잔이 여성 해적을 동경해서 변장을 했을 수도 있다.

어때요? 글쎄요.

잔 바레의 여정

❶ 출발: 1767년 2월, 프랑스 로슈포르항

잔 바레는 항구에 남장을 하고 도착했다. 수하물의 양이 너무 많아 숨조차 쉴 수 없는 배 안에서 탐험대의 지휘관을 속이기는 쉽지 않았다.

❷ 여자가 승선했다는 소문이 돌자…

잔 바레는 선원들이 더 귀찮게 굴지 못하도록 자신을 거세한 남자라고 소개했다. 그러자 아무도 관심을 보이지 않았다.

❸ 탐험대가 에콰도르를 가로지를 때

처음으로 적도선을 항해하던 선원들은 신체의 중요 부분만 겨우 가린 채 세례 의식을 거행했다. 불쌍한 잔 바레는 그 순간을 어떻게 모면했을까?

❹ 리우데자네이루

탐험대가 리우데자네이루에 도착했다. 잔 바레와 필리베르는 외곽 지역에서 그때까지 알려지지 않은 식물을 발견하는 위대한 업적을 쌓을 수 있었다. 그들은 탐험대 지휘관의 이름을 따서 부갱빌이라고 명명했다.

❺ 일식을 보다! (1767년 7월 25일)

리우데자네이루를 떠난 지 열흘 만에 선상에서 일식을 보게 되었다. 천문학자들이 예측했던 일식을 통해서 과학이 얼마나 놀라운 학문인지 다시 한 번 확인할 수 있었다!

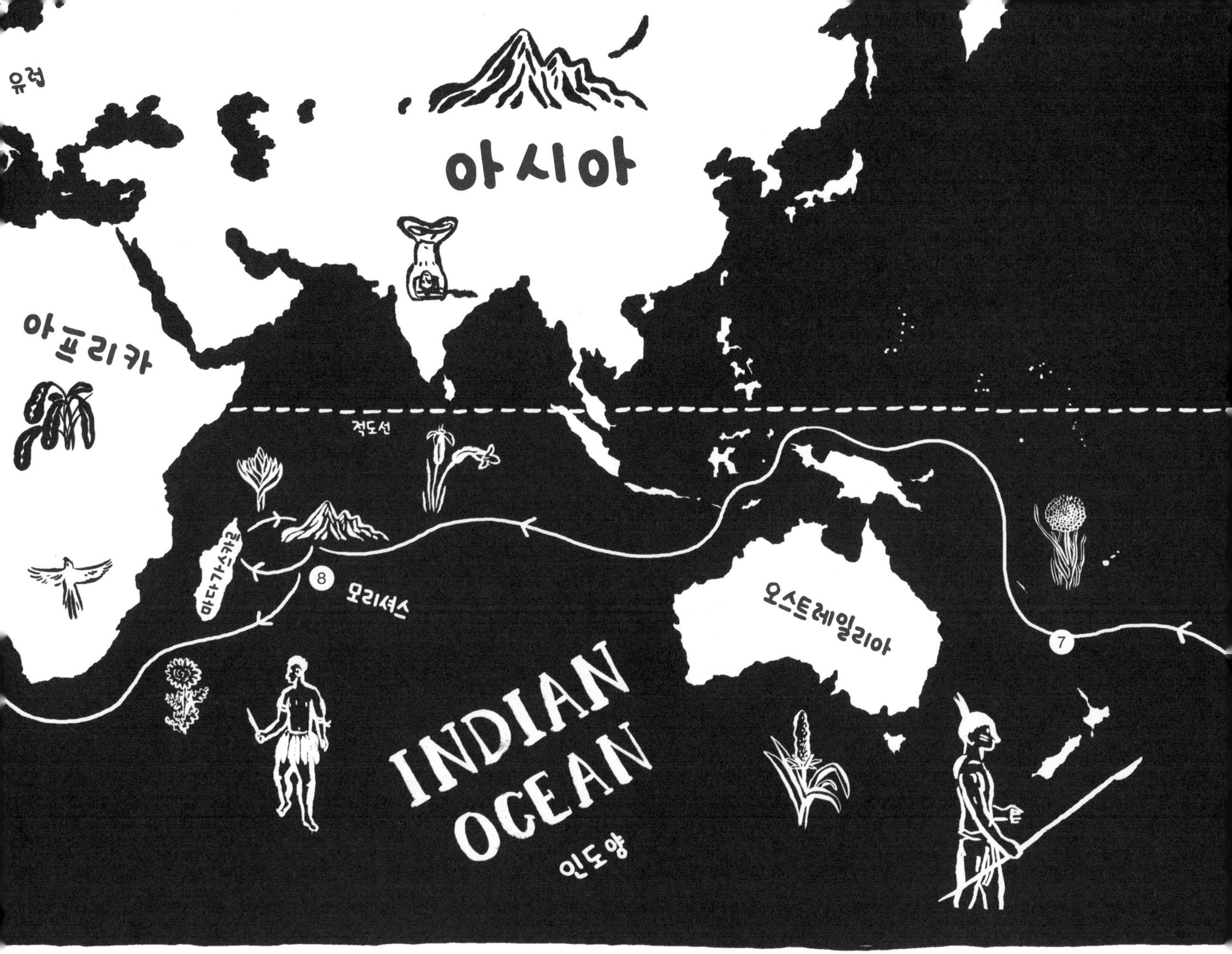

❻ 타히티 도착
타히티 사람들은 잔 바레가 여자라는 사실을 곧바로 알고는, 그녀를 교수형에 처하고자 했다. 다행히 절망한 잔의 비명을 들은 한 군인이 그녀를 구했다.

❼ 모리셔스로 가는 길
탐험대는 그레이트배리어리프를 건너서 북쪽의 뉴기니로 향했다. 그리고 인도양을 건너 모리셔스에 도착했다.

❽ 모리셔스
필리베르와 잔 바레는 탐험대를 떠나 모리셔스에 정착했다. 수 년간 그곳에 거주하면서 마다가스카르까지 여유롭게 탐험했다.

❾ 1774년, 프랑스로 귀국하다
필리베르가 사망하자 잔 바레는 프랑스 군인과 결혼했다. 그들이 프랑스로 귀국한지 수 년 후, 국왕은 그녀가 편안한 삶을 영위할 수 있도록 연금을 하사했다.

오직 대단한 여성만이 모험을 실행할 수 있었다!

오늘날 남장한 여성이 탐험대에 승선했다는 이야기는 일종의 코미디처럼 들릴 수 있다. 하지만 당시 잔 바레가 긴 여정을 참고 극복하기엔 많은 어려움이 있었다.

사실 선상 생활은 남녀 모두에게 쉽지 않다. 공간은 좁고 신선한 먹을거리도 없으며, 위생 상태 역시 좋지 않아 썩은 냄새도 난다. 날씨는 덥다가도 춥고, 선원들은 아무 데서나 토하거나 생리 현상을 해결한다. 사생활이란 전혀 없는 상황에서 유일한 여성이었던 잔 바레는 훨씬 더 힘들었을 것이다. 그렇다면 그녀는 어떻게 그 어려움을 극복했을까?

선원들은 동료들 앞에서 아무렇지도 않게 바다에 오줌을 눴다. 선원들은 자기들처럼 하지 않는 잔 바레를 이상하게 생각했을 것이다. 잔은 어떻게 생리 현상을 해결했을까? 씻고 싶을 때는 또 어떻게 했을까? 우리는 잔의 선상 생활이 얼마나 힘들고 고통스러웠을지 충분히 상상할 수 있다!

이 여행에서 가장 재미있는 인물 중 하나는 빚쟁이들을 피해 승선한 왕자이다. 배 위의 열악한 환경에도 불구하고 그는 항상 흠잡을 데 없이 자신을 치장하고 다녔다. 당시 유행에 따라 곱슬머리를 하고 벨벳 양복을 입었으며, 굽 높은 구두를 신고 다녔다. 파타고니아 원주민들은 그를 여자라고 생각했는데, 진짜 여자는 배에 타고 있었다!

잔이 여자라는 소문이 돌기 시작한 순간부터 다른 선원들과의 관계는 더 악화되었다. 그녀는 혹시 있을지도 모를 공격과 강간에 대한 두려움으로 언제나 무장을 하고 다녔다(실제 강간이 있었다는 보고서도 있다).

아무도 그녀의 공로를 인정하지 않았다

안타깝게도 잔 바레는 여행 중 일기를 남기지 않았다. 기록을 남겼다면 당시 느꼈을 감정과 경험을 매우 생생하게 알 수 있었을 것이다. 다행히 함께 승선했던 선원들의 기록에서 그녀가 강하고 용기 있고 똑똑하며 소탈한 여성이었음을 확인할 수 있다.

지휘관 부갱빌은 일기에, 여성임이 탄로나자 잔 바레는 "세계 일주를 할 이 배에 꼭 탑승하고 싶었다"라고 했다며 자신을 정당화했다.

일에 대한 잔의 열정과 헌신에 대해서는 의심할 여지가 없다. 이에 대해 부갱빌은 다음과 같이 기록했다. "잔 바레는 이미 전문적인 지식을 갖춘 식물학자다. 눈 내린 마젤란 해협과 얼어붙은 산속에서도 스승인 필리베르의 모든 식물 채집에 동행하는 용기를 보였다. 그리고 무기와 도구, 식물들을 짊어지고 다닐 힘도 있었다."

그렇다면 필리베르의 입장은?

공식적으로 필리베르는 잔이 여성이라는 사실을 인정하지도, 그렇다고 공개적으로 그녀를 옹호하지도 않았다. 그런데 또 다른 놀라운 사실은, 두 사람이 수집 연구한 6,000여 종의 식물 중 단지 한 종만을 잔 바레가 발견한 것으로 기록되어 있다는 것이다. 필리베르는 그것을 "바렌티아"라고 불렀는데, 이미 다른 식물학자가 확인한 것이라고 나중에 밝혀졌다. 잔이 현장에서 어마어마한 양의 식물을 수집하고 정리했음에도 필리베르는 그 공로를 인정하지 않은 것이다.

200년이 지난 후에야 실현된 정의

2012년, 생물학자인 에릭 테페는 잔 바레의 이야기에 깊은 감명을 받아 자신이 발견한 새로운 식물에 그녀의 이름을 붙였다. 솔라넘 바렌티아라는 식물 종은 에콰도르와 페루의 일부 지역에서 서식하며 화려한 꽃을 피운다고 한다.

조지프 뱅크스

태평양 남단을 여행한 탐험가

조지프 뱅크스는 태평양을 항해한 최초의 유럽인은 아니지만
그의 탐험은 역사상 가장 위대한 것으로 평가받는다.
그렇다면 조지프 뱅크스의 탐험이 어떠했는지 살펴보도록 하자.

조지프 뱅크스, 결코 평범하지 않았던 소년

1761년 뱅크스는 아버지의 갑작스러운 사망으로 막대한 재산을 물려받았다. 따라서 남들처럼 공부하고 결혼해서 호화로운 삶을 사는 것이 훨씬 자연스러웠을 것이다. 하지만 뱅크스는 그러지 않았다. 그 이유는 아마도 평범하지 않은 어머니 때문이었을 것이다.

당시 사람들은 개구리를 마법과 연관된 위험한 동물로 여겼다. 그런데 그의 어머니는 개구리가 곤충 개체 수 통제에 매우 유용한 동물이라고 생각하며 자녀들이 개구리와 노는 것을 허락했다. 이 일로 볼 때 조지프 뱅크스의 어머니는 매우 합리적인 사고방식을 가졌으며 자녀 교육에 개방적이었음을 보여 준다.

제임스 쿡 선장의 인데버호에 탑승하다

어머니의 영향 때문인지 조지프 뱅크스의 삶은 평범하지 않았다. 그는 아주 어릴 때부터 식물에 관심을 보였다(특히 야생화를 좋아했다). 일생 동안 상속 받은 재산으로 수많은 과학자(특히 자연사를 연구하는 과학 탐험대)를 후원해 식물 정보와 지식을 넓히는 데 막대한 공헌을 했다.

일례로 조지프 뱅크스는 채취한 식물 표본이 긴 항해 동안 손상되지 않도록 보관 시스템을 개선하고자 했다. 이런 이유로 그는 25세에 남태평양 탐험대에 승선했다. 그 배는 제임스 쿡 선장이 지휘하는 인데버호였다.

제임스 쿡은 뛰어난 항해사이자 훌륭한 비전을 가진 선장이었다. 그는 선원들의 숙소를 자주 환기시키고, 괴혈병 같은 끔찍한 질병을 예방하기 위해 오렌지 주스를 마시도록 강요할 정도로, 선원들의 건강을 최우선했다.

인데버호의 탐험은 참가자들의 안전과 편안함에 획기적인 진전을 이루었다. 선박에는 모든 편의시설이 갖춰져 있었는데, 그중에는 자연사 전문 도서관도 있었다.

금성 관측 임무 (단지 그것뿐?)

인데버호의 주요 임무는 천문학자들이 지구에서 태양까지의 거리를 보다 정확하게 계산할 수 있도록 "금성의 변화"를 관찰하는 것이었다(지구와 태양 간의 거리는 오늘날 약 1억 4960만km라고 밝혀졌다).

쿡 선장은 타히티에서 금성을 관측하는 것 외에도, 새로운 대륙을 발견하기 위해 위도 40도 이하의 미지의 지역을 탐험하고 싶어 했다. 그는 하늘을 관찰하고, 대륙으로 눈을 돌렸다.

조지프 뱅크스의 세 번째 목적은 새로운 동식물 종을 연구하고 수집하는 것이었다. 그는 여기에 많은 재산을 쏟아 부었다.

누가 탑승했을까?

배에는 (고양이, 개, 닭 외에) 94명이 탑승했다. 대표적인 인물은 다음과 같다.

- 외과의사 윌리엄 몽크하우스
- 예술가 알렉산더 부찬
- 다니엘 솔란데르의 보좌관 허만 스포링
- 천문학자 찰스 그린
- 예술가 시드니 파킨슨
- 스웨덴 박물학자 칼 린네의 제자 다니엘 솔란데르
- 동물학자 겸 식물학자 조지프 뱅크스
- 선장 제임스 쿡

조지프 뱅크스의 여정

❶ 1768년 8월, 영국 플리머스항 출발

여름 폭풍으로 예정보다 열흘 늦은 8월 26일, 인데버호가 출항했다.

❷ 포르투갈 마데이라 제도 푼샬

시기적으로 적절치 않았으나, 푼샬에 머물며 수백 종의 곤충과 식물을 채집했다.

❸ 브라질 리우데자네이루

한 달 반의 항해 후 리우데자네이루에 도착했다. 조지프 뱅크스는 하선 허가증을 받지 못했지만 몰래 육지에 발을 내디뎠다.

❹ 티에라델푸에고 가는 길

쿡 선장이 혼곶으로 가기 위해서, 유리한 자연 조건을 기다리는 동안, 조지프 뱅크스는 육지 탐험 여행을 시작했는데, 예기치 않았던 폭설로 탐험대 중 2명이 저체온증으로 사망했다.

❺ 타히티 마타바이만

탐험대는 3개월간 머물면서 금성의 변화를 관측(1769년 6월 3일)할 전망대와 요새를 건설했다.

❻ 남태평양을 향해 출발

원주민 사제 투파이아가 탐험대에 합류했다. 그는 폴리네시아 인근의 해류에 대해 잘 알고 있었을 뿐 아니라 통역을 맡아 원주민과의 소통을 도왔다.

❼ 뉴질랜드

탐험대는 뉴질랜드 섬을 한 바퀴 돈 후, 그곳이 큰 대륙의 일부가 아님을 증명했다.

❽ 오스트레일리아

탐험대는 오스트레일리아 동쪽 해안에 상륙한 뒤 그곳을 "보터니만"이라고 명명했다. 이곳에는 매우 다양한 동식물이 서식하고 있었다.

❾ 그레이트배리어리프

쿡 선장이 이 지대를 "미친 미로"라고 부른 것은, 정박한 지 하루 만에 산호초로 배가 심하게 손상되었기 때문이다.

❿ 인도네시아 바타비아 (현재의 자카르타)

배는 침몰하지 않고 기적적으로 바타비아까지 갔다. 그러나 그곳에서 많은 선원이 말라리아나 괴혈병에 걸렸다.

⓫ 남아프리카공화국 케이프타운

케이프타운에서 30명의 선원이 사망하자 탐험대원들은 모두 집으로 돌아가기를 희망했다.

⓬ 1771년 7월, 영국 딜에 도착

탐험대는 영국에 도착해 그동안 수집한 자료들을 모두 정리하기 시작했다.

조지프 뱅크스의 여행에서 배울 점

인데버호로 탐험하며 수백 가지의 새로운 종을 발견하고 정밀한 지도를 제작했으며, 선상 예술가들은 멋진 작품들을 남겼다. 특히 조지프 뱅크스와 쿡 선장이 남긴 두 권의 일기에는 당시 그들이 만난 원주민들의 관습이 아주 상세하게 묘사되어 있다.

이 모든 것은 유럽인들에게 다른 지역에 존재하는 놀랍고도 아름다운 것들에 대한 인식의 지평을 넓혀 주었다. 세상에는 익숙한 나무와 꽃, 새들만 있는 것이 아니었다. 세상은 그들이 상상했던 것보다 훨씬 더 풍요로운 곳이었다.

조지프 뱅크스는 뉴질랜드에 서식하는 다양한 새에 대해 다음과 같이 기록했다.

"오늘 아침 나는 바다가 아니라 육지에서 들려오는 새들의 노랫소리에 잠이 깼다. 그 소리는 분명 내가 평생 들어 본 것 중 가장 멋진 자연의 소리였다."

조지프 뱅크스 역시 어린 훔볼트처럼(103쪽 참조), 자신들의 발견이 지식 발전을 위해 국제적으로 공유되어야 한다고 생각했다.

실제로 그가 영국에 가져온 식물의 양은 꾸준히 증가하여 전 세계 과학자들이 지식을 쌓을 수 있는 원천이 되었다. 조지프 뱅크스는 그가 수집한 종의 중요성을 알고, 표본이 좋은 상태를 유지할 수 있도록 많은 노력을 했다. 따라서 모든 식물 표본은 진정한 보물로 취급되었다!

다음은 조지프 뱅크스가 호주에서 쓴 일기 중 일부이다.

"수집한 식물 표본이 많이 늘어났다. 나는 책에 끼워 둔 표본이 썩지 않도록 각별하게 신경을 썼다. 배가 육지에 닿으면, 표본이 든 책 200권을 육지로 옮겨 햇볕을 쬐었다. 배에서는 해가 떠 있는 낮 동안, 책들을 돛에 널고 자주 뒤집었다."

뱅크스와 쿡 선장의 탐험은 다양한 배경을 가진 사람들과 함께 여행하는 것이 같은 배경에 속한 사람들과 여행하는 것보다 더 흥미로울 수 있음을 보여준다.

예를 들어 뱅크스가 새, 식물, 돌고래에 대한 글을 쓰는 데 많은 시간을 보내는 동안, 쿡은 그가 만난 원주민과 그들의 삶의 방식을 기록했다. 그는 원주민들에 대해서 다음과 같이 묘사했다.

"그들은 지구상에서 가장 불쌍한 사람들처럼 보일지도 모른다. 하지만 실제로 그들은 우리 유럽인들보다 훨씬 행복해 보인다." (정말 그랬을까?)

조지프 뱅크스는 쿡 선장에게 자주 육지에 상륙하자고 요청했다. 쿡 선장은 그가 부탁할 때마다 배를 멈추지는 않았지만, 과학자들과 가까워지면서 그 또한 동식물학자가 되어 갔다. 이는 전혀 다른 분야 사람들의 생각이나 지식이 서로에게 영향을 준 결과이다.

이 이야기의 또 다른 주인공인 쿡 선장은 타히티에서 원주민 언어를 배우고 유럽인과의 접촉이 폴리네시아인들에게 미친 영향을 깨달았다. 그는 과거를 돌이킬 수 없음을 알았지만 그동안 유럽인들이 저지른 만행과 파괴, 전파한 질병으로 사망한 원주민들에 대해서도 기록했다.

훔볼트

과학·생태학자의 남아메리카 탐험

유럽인들이 남아메리카 대륙에 도착한 지 300년이 지났지만,
그때까지도 많은 지역이 제대로 알려지지 않고 있었다.
많은 사람이 이 지역 탐사를 포기할 수밖에 없었던 원인은
무덥고 습한 열대 우림의 기후뿐만 아니라 그곳에 서식하는 모기, 도마뱀 때문이었다.
이러한 사실을 알면서도 이 지역 탐험에 도전한 사람은
넘치는 에너지를 가진 알렉산더 폰 훔볼트와 동료 에메 봉플랑이었다.

"미지의 세계에 대해 알고자 하는 큰 욕망이 내 안에서 꿈틀거린다"

알렉산더 폰 훔볼트는 1769년, 프로이센의 한 귀족 집안에서 태어났다. 덕분에 자라면서 수학, 물리, 식물학, 전기, 화학, 지질학뿐 아니라 예술, 음악, 시 등을 배울 수 있었다. 가족들은 어린 시절의 그를 '만물 수집가'라고 불렀다. 그가 서재에서 책만 읽는 꽁생원이 아니라 때때로 집 근처 숲을 돌아다니며 동식물은 물론 돌까지 수집하고 다녔기 때문이다.

미지의 세계를 꿈꾸게 된 계기는 아마도 그가 읽은 위대한 탐험가들이 남긴 기록 때문이었을 것이다.

어른이 된 훔볼트는 어린 시절 가졌던 자연에 대한 호기심 때문에, 남아메리카로의 여행을 실행했다. 이때 그와 동행한 가이드들은 '그의 주머니는 늘 구겨진 종이와 돌, 나뭇잎으로 가득 차 있어서, 그는 늘 어린 소년처럼 보였다'고 말했다.

위대한 탐험의 준비 과정

훔볼트가 살았던 당시, 과학자들이 스페인 국왕에게 아메리카 대륙의 여행 허가를 얻는 것은 쉽지 않았다. 그럼에도 스페인 국왕 카를로스 4세가 외국인이었던 훔볼트에게 그러한 특권을 부여한 것은 광물 자원에 대한 그의 지대한 관심을 인정했기 때문이었다.

짐은 다 준비되었다

훔볼트가 성장하던 시기에 과학이 크게 발전했기 때문에 그는 탐험을 떠날 때 많은 실험 도구들을 가지고 갈 수 있었다. 상자에 넣어간 실험 도구는 나침반, 저울, 망원경, 현미경, 온도계, 기압계, 고도계와 씨앗, 흙, 바위, 식물, 공기 등의 표본 보관용 플라스크 수십 개였다. 그리고 그는 모든 상황에 침착하게 대처할 젊은 식물학자 에메 봉플랑도 데려갔다.

훔볼트는 나중에 꼭 필요했던 기구에 대해 말했는데, 그것은 '제3의 손'이라고 불리는 정글의 엄청난 모기떼를 퇴치하는 도구였다.

훔볼트의 여행 가방에는 하늘이 얼마나 푸른지 측정할 수 있는 시안계(시아노미터)라는 기구가 있었는데, 그는 그것으로 대기의 투명도와 습도를 알 수 있었다.

출발!

훔볼트는 그 여행이 신대륙 정보를 수집할 매우 소중한 기회라고 생각했다. 실제로 그는 대단한 열정으로 자연계 전반에 대한 방대한 자료를 수집했다.

출발 당일 그는 이렇게 기록했다.

"너무 기뻐서 정신을 차릴 수 없다!"

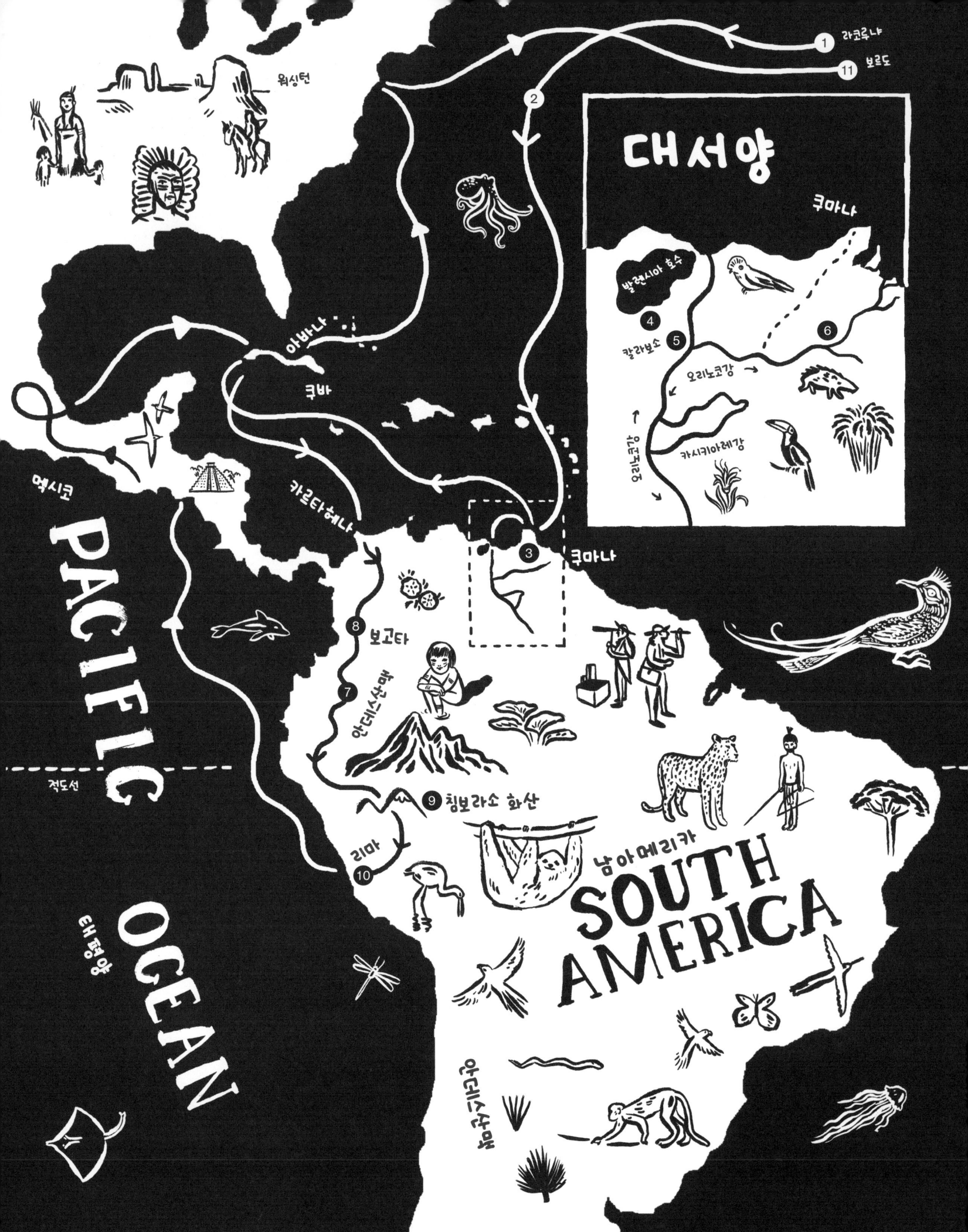

훔볼트의 여정

① 1799년 6월 5일, 스페인 라코루냐 출발

알렉산더 폰 훔볼트가 호위함 피사로를 타고 라코루냐를 출발할 때의 나이는 29세였다.

② 대서양 횡단

훔볼트는 항해하는 동안 멈추지 않고 일했다. 바닷물과 공기의 온도와 태양을 측정하거나 발견한 물고기와 새들을 이미 알고 있던 종들과 비교했으며, 남반구의 새로운 별들을 관찰하기도 했다.

③ 베네수엘라 쿠마나 도착

그는 이 도시에서 열린 노예시장을 목격했고, 이후 노예제도 폐지론자가 되었다.

④ 발렌시아 호수

이곳에서 훔볼트는 스페인 사람들이 식민지 대농장 건설을 위해 원시림을 파괴한 결과가 얼마나 끔찍했는지 지켜보았다.

⑤ 칼라보소

훔볼트는 원주민들의 이상한 낚시법을 관찰하여 기록했다. 전기 뱀장어가 사는 웅덩이에 말들을 몰아 전기를 다 쓴 전기뱀장어들이 수면 위로 떠오르게 만드는 방식이었다!

⑥ 오리노코강

훔볼트는 카누를 타고 오리노코강을 거슬러 올라갔다. 이때 바람이 강하게 불어 식물 표본과 책의 일부가 물에 빠지자 봉플랑이 침착하게 대처하여 그것들을 거의 건져 냈다.

⑦ 안데스산맥 횡단

탐험대는 카르타헤나에서 리마까지 약 4000km를 여행했다. 훔볼트는 그것이 역사상 과학자들의 첫 횡단이라는 사실에 흥분했다.

⑧ 콜롬비아 보고타

훔볼트는 스페인의 식물학자 호세 셀레스티노 무티스가 건설한 식물원을 방문했다. 식물원에 감명 받은 그는 그곳에 머물며 식물을 공부했다.

⑨ 침보라소 화산

훔볼트는 좁은 길과 큰 절벽을 통과해서 이 화산의 정상에 올랐다. 그는 그의 소중한 실험 도구들을 가지고 화산의 모든 변화 상황을 기록했다.

⑩ 귀환 여행

집으로 돌아가는 길에, 그는 리마(페루), 멕시코시티, 아바나(쿠바)를 거쳐서 새로 건국된 미국을 방문했다. 그곳에서 그는 토머스 제퍼슨 대통령을 만났다.

⑪ 1804년 여름, 보르도에 도착

생태계 위기에 경각심을 일깨운 최초의 과학자

목적지에 도착한 훔볼트는 산의 고도, 나비의 색깔, 원숭이, 식물, 새 등을 관찰하고 분류하며, 여러 흥미로운 사실들을 발견했다. 그의 업적 중 가치 있는 것은 자연을 이루는 요소들 사이에 연결 고리를 확립한 것이다. 그는 관찰에 근거하여 당시의 신화와 허구에 맞섰고, 또 여행 초기 탐험했던 카시키아레강이 지구상에서 가장 큰 두 강을 연결한다는 사실을 보여 주는 상세한 지도를 제작했다.

훔볼트는 이전에 제작된 지도들에 대해 "스페인 마드리드에서는 지도를 상상으로 만들어 낸 것이 아닐까?"라며 농담하기도 했다.

훔볼트와 봉플랑은 여러 산을 등반했다. 그중에는 지구상에서 가장 높은 산으로 여겨졌던 침보라소 화산도 포함되어 있었다. 훔볼트는 그 산 정상에서 주변의 긴 산맥을 바라보았다. 그리고 자신이 평생 본 모든 동식물 종과 바위를 상기하면서 그것들이 모두 연결되어 있음을 깨달았다.

*"자연은 마치
수천 개의 거미줄로 얽혀 있는 그물과 같다."*

훔볼트는 자연 현상을 연관 지어 생각하기 시작했다. 식민지 베네수엘라의 대농장 지대의 호수 물이 갑자기 불어난 것을 보고, 그것이 숲과 토양과 기후에 상당한 영향을 미치고 있다는 것을 알게 되었다. 그 결과 그는 기후 변화에 미치는 인간 행동의 영향에 주목한 최초의 과학자로 평가받게 되었다.

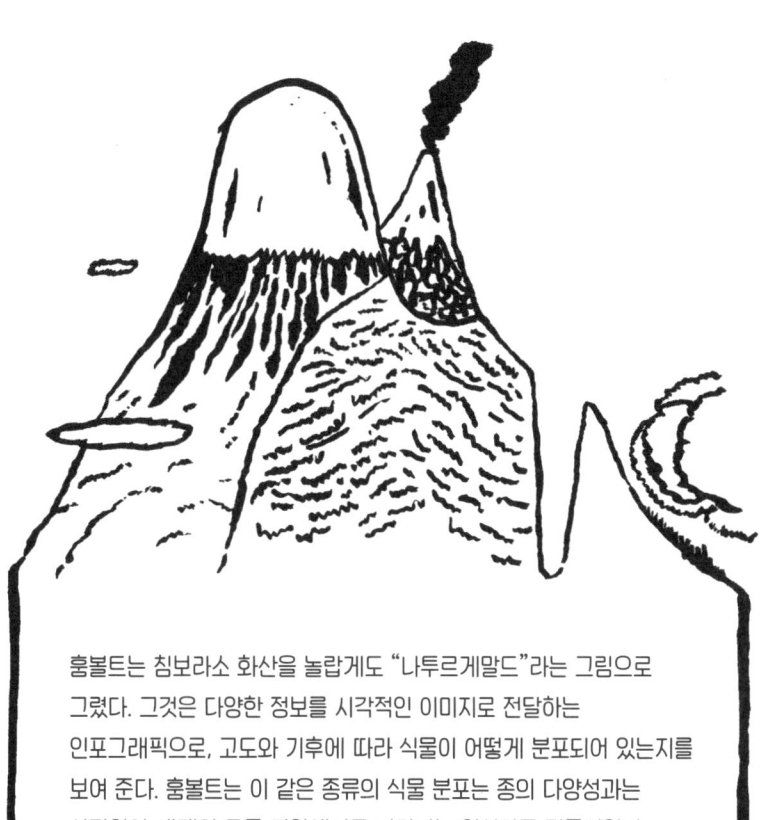

훔볼트는 침보라소 화산을 놀랍게도 "나투르게말드"라는 그림으로 그렸다. 그것은 다양한 정보를 시각적인 이미지로 전달하는 인포그래픽으로, 고도와 기후에 따라 식물이 어떻게 분포되어 있는지를 보여 준다. 훔볼트는 이 같은 종류의 식물 분포는 종의 다양성과는 상관없이 세계의 모든 지역에서도 나타나는 일이라고 결론지었다.

훔볼트는 인간이 자연을 이해하지 않으면, 결국 모든 것이 파괴될 것이라고 말했다. 그에게 인간이 자연을 이해한다는 것은 오감으로 자연을 느낌과 동시에 과학적으로 관찰하는 것을 의미했다.

당시 일부 선교사들은 거북의 알로 짠 기름으로 등불을 밝혔다. 하지만 그들은 거북 새끼들이 부화할 만큼의 알을 남겨 두지 않았다. 이때 훔볼트는 거북의 멸종을 경고했다.

훔볼트는 지구를 위대한 생태계로 본 최초의 과학자였다. 동시에 생태계가 위기에 처할 수 있다는 경각심을 일깨워준 최초의 과학자였다(그는 자연계를 이루는 한 종의 균형이 깨지면 자연계 전체가 혼란을 겪게 될 것이라고 주장했다).

사람들은 그의 이러한 사고방식을 존중하여, 수백 종의 동식물, 수십 개의 도시, 다양한 호수, 강, 만, 산맥에 그의 이름을 붙였다.

그 대표적인 예가 '훔볼트 펭귄'이다.

"사랑하는 친구여! 당신의 단조로운 삶은 어떤가요?"

훔볼트는 유럽에 사는 친구들에게 이렇게 시작하는 긴 편지들을 보내 작별 인사를 했다.

아이 부러워라!

다윈

비글호에 탑승한 다윈

남아메리카 탐험대에 참여했을 때 다윈은 학생이었다.
아버지는 그를 "실패한 자식"으로 여겼다.
하지만 그 여행은 다윈의 인생뿐만 아니라
인간이 자연을 이해하는 방식을 바꾸는 계기가 되었다.

가장 먼저

다윈은 1859년 《종의 기원》을 출간한 이후, 서양 과학사에서 중요한 인물이 되었다.

그는 생물학자이자 지질학자로, 모든 생물 종이 공통의 조상에서 이어졌다는 진화론을 주장했다. 당시 그의 주장이 혁명적이었던 것은, 사람들 대부분이 모든 종의 창조주가 하느님이며, 창조물들은 언제나 같은 형태를 유지하고 있다고 믿었기 때문이다. 그런데 다윈은 모든 종이 생존을 위해 인위적으로 교배하는 '자연 선택'을 하며 진화한다는 것을 처음으로 주장했다.

따라서 다윈과 그 시대의 과학자들은 역사상 처음으로 살아 있는 유기체가 진화할 수 있다는 가정을 세워 자연을 바라보는 시각을 바꾸었다.

그러나 증거가 부족했다. 의심의 여지가 없는 증거를 찾기 위해, 다윈은 20년간 자신의 이론을 발전시켰다. 그리고 자신이 내린 결론에 확신을 얻고서야 책 출판에 동의했다.

《종의 기원》은 생명체가 '생존'과 '번식'을 위해 해당 환경에서 생존하는 데 더 적합한 형질을 지닌 개체군을 선택하여 세대를 거치며 진화한다고 주장한다. 여기서 가장 놀라운 사실은 이 책을 탄생시킨 수많은 자료와 관찰의 상당 부분이 그가 비글호 항해 중 수집한 것이라는 점이다.

다윈은 어린 시절 할아버지의 정원에서 식물 관찰하기를 즐겼다. 또한 정원 한쪽 구석에 있는 작은 실험실에서 형과 함께 실험을 하거나 낚시를 했다. 또 혼자 산책하는 것도 좋아했다. 당시 그는 딱정벌레와 여러 곤충에 관심을 보였지만, 10세가 되어서는 주로 새를 관찰했다.

적절한 질문을 할 줄 알았던 다윈

다윈은 놀랍게도 질문하는 방법을 알고 있었다. 그것도 올바른 질문을 하는 방법을 말이다. 다윈은 예술가와 과학자에 둘러싸여 성장했다. 가장 많은 영향을 끼친 사람은 할아버지였다. 할아버지 이래즈머스 공은 식물을 주제로 수많은 시를 남겼다.

다윈의 아버지는 "가문의 수치가 될" 다윈의 미래를 걱정했다. 다윈의 관심은 오직 사냥과 사냥개에 있었기 때문이었다. 사실 다윈은 공부를 잘하지 못했는데 가족들은 형처럼 의대에 진학하길 기대했다. 그러나 다윈은 마취 없이 진행된 두 번의 수술을 참관한 후 의사 되기를 완전히 포기했다. 의대 수업에 혐오감을 느꼈기 때문이다.

다윈은 의사가 되지 않겠다고 선언했다. 아버지는 그가 가질 수 있는 유일한 직업이 사제라고 생각하고 그를 케임브리지 대학에 진학시켰다. 나중에 그는 그곳에서 가장 행복한 시간을 보냈다고 회상했는데, 그것은 말을 타고 산책을 하거나 가장 존경했던 과학자 알렉산더 폰 훔볼트의 책을 읽거나 진로에 중요한 영향을 미친 식물학과 교수와 긴 대화를 나누며 시간을 보낼 수 있었기 때문이다.

다윈은 다시 의과 대학이 있는 에든버러로 돌아갔다. 그는 아버지에게 의대를 중퇴하고 싶다고 말하고 싶었지만, 차마 입 밖에 내지 못하고 그해 여름 방학을 보냈다. 그러던 그가 다시 공부에 흥미를 느끼게 된 계기는 박제* 수업이었다. 이후 자연사를 전공하는 학생 그룹에 합류하여, 바닷가에서 해양 생물을 연구하기 시작했다.

봉투 안에는 초청장이 있었다

여름이 거의 끝나고 그가 갈망하던 사냥철이 시작되기 직전, 다윈은 비글호를 타고 남아메리카를 탐험하는 여행에 참가할 수 있겠냐는 뜻밖의 편지를 받았다. 그를 추천한 사람은 식물학과 교수였다. 비글호 탐험대의 목적은 남아메리카 서부 해안과 섬들에 대한 상세 지도를 만들고, 리우데자네이루를 포함한 여러 도시의 위도와 경도를 정확하게 재는 것이었다. 이것은 다른 배들의 유실이나 침몰을 막을 중요한 일이었다.

---
* 박제는 죽은 동물의 보존을 위한 과정이다.

다윈의 역할은 거친 승무원들 사이에 있는 것을 두려워한 젊은 선장 피츠로이의 동반자가 되고 자연사 자료를 수집하는 것이었다.

처음 다윈은 아버지의 반대로 초청을 거절하는 편지를 써야 했지만, 삼촌을 비롯한 많은 사람의 요청으로 결국 배에 타는 것을 허락받았다.

얼마 뒤 다윈은 피츠로이 선장에게 빨리 출발하고 싶다고 편지를 보냈다.

"내 두 번째 삶은 배가 출발하는 순간 시작될 것이고, 그날은 내가 인생을 마감하는 순간까지 생일로 여겨질 것이다."

배 위에서 다윈은 철학자라는 별명을 얻었다. 어떤 이들은 "날파리 사냥꾼"이라고 부르기도 했다. 자연과 종 수집에 대한 그의 관심은 다른 선원들에게도 영향을 주어 그들도 앞다투어 참여하기 시작했!

다윈은 조수와 객실을 나누어 썼다. 배에서 가장 큰 객실이었지만 공간은 비좁았다. 다윈이 키가 큰 탓도 있었지만 그림 그릴 책상을 두었기 때문이다. 그는 책상 위에 그물침대를 설치했다. 다윈은 뱃멀미 때문에 대개 그물침대에 누워 책을 읽으며 시간을 보냈다.

비글호는 작은 배였지만, 내부에는 고기 통조림, 럼주, 마른 빵, 괴혈병 예방을 위한 레몬, 배를 보호하기 위한 피뢰침, 지형도를 그릴 수 있는 측량 기구, 도서관, 그리니치와의 시차를 통해 경도를 계산할 수 있는 22개의 크로노미터를 갖추고 있었다.

1837년 다윈은 생명의 진화를 설명하기 위해 노트에 "생명의 나무"를
그렸다. 이 그림은 훗날 《종의 기원(1859)》의 틀이 되었다.
이 그림에서 다윈은 현존하는 종을 힘줄이 있는 가장 푸른 나무에 비유하고,
그 이전의 나뭇가지들은 멸종된 종들의 오랜 세습을 나타낸다고 했다.
나무가 관목일 때 생긴 가지 중 두세 개만이 살아남아 큰 가지가 된다고
말했다. 이것이 오늘날 우리가 알고 있는 모든 종의 발생 과정이다.

그 페이지의 맨 위에 다윈은 "나는 생각한다"라고 썼다.
자기가 믿고 있던 그 아이디어가 맞았다고!

다윈의 여정

1 **1831년 12월, 영국 플리머스 출발**

다윈은 여행 내내 심한 뱃멀미로 고생했다. 나중에 그는 "나는 바다의 파도가 싫다"는 글을 남겼다.

2 **카나리아 제도의 테네리페**

영국 정부는 콜레라에 대한 두려움 때문에 승무원들이 섬에 상륙하는 것을 허용하지 않았다. 이러한 당국의 조치는 다윈에게 실망감을 안겼다.

3 **카보베르데 상티아구**

다윈은 이 섬의 바위와 화산을 지질학 서적에서 읽은 모든 것과 연관 지었다.

4 **눈에 보이는 땅 브라질 바이아**

배가 토도스우스상토스만(오늘날의 사우바도르 항구)에 정박하자, 다윈은 환희에 차서 열대 우림의 첫 탐험을 시작했다. 나중에 그는 "달빛 아래에서 여행의 즐거움을 기술하는 것도 하나의 쾌락이다"라고 썼다.

5 **리우데자네이루**

선장은 동이 트기를 기다렸다가 항구에 입성했다. 다윈은 그곳에서 처음 가족과 친구들의 편지를 받았다.

6 **내륙 탐험**

18일 동안 열대 우림을 탐험하면서 다윈은 놀라울 정도로 아름다운 나비, 기생식물, 거대한 개미집을 보았다.

7 **부에노스아이레스**

역풍으로 부에노스아이레스까지 도착하는 데 4주가 걸렸다.

⑧ 바이아블랑카
파타고니아 여행 준비로 한 달 이상 이곳에 정박했다. 다윈은 화석을 줍다가 거대한 동물의 머리를 발견했다!

⑨ 티에라델푸에고
거대한 파도에 배가 망가졌지만 배에 타고 있던 목수들의 신속한 수리로 침몰하지 않았다.

⑩ 우루과이
육지 여행 중 말의 이빨 자국 화석을 발견한 다윈은 몹시 흥분했다.

⑪ 발파라이소
칠레의 도시 발디비아 근처에서 다윈은 처음으로 강한 지진을 경험했다.

⑫ 산티아고
다윈은 3주 동안 안데스산맥을 가로질러 가면서 수많은 것을 발견했다. 이에 흥분한 그는 잠을 거의 설쳤다.

⑬ 갈라파고스 제도
다윈은 이곳에서 지금까지 본 것과는 완전히 다른 도마뱀, 거대 거북, 새들을 보고 "그것들은 마치 다른 별에서 온 것처럼 보였다"라고 기록했다. 영국에 돌아온 뒤에 그 여행이 자연에 대한 자신의 시각을 변화시킨 전환점이었음을 깨달았다.

⑭ 1836년 10월 14일, 영국 팰머스항
그동안 다윈은 집으로 돌아갈 날을 고대했다. 그런데 멀리 보이는 영국 해안에 그리 큰 감흥을 느끼지 못했다고 고백했다.

동기가 있다면 더 많은 것을 얻을 수 있다

배에 탈 때만 해도 다윈은 자신의 삶을 어떻게 이끌어야 할지 확신조차 못 하던 청년이었다. 그는 학창 시절 에든버러에서 들은 지질학 강의를 포함한 거의 모든 과목이 지루하다며, "지질학 같은 건 절대 공부하지 않겠다"고 결심했다.

그는 공부를 잘하는 편은 아니었지만 어떤 문제에 관심이 생기면, 반드시 해답을 찾기 위해서 관련 서적을 찾아보거나 선생님들을 찾아다녔다. 이렇게 스스로 학습하는 방법을 터득해 나갔다.

탐험이 시작되자 그는 곧바로 어떤 분야가 과학에 가장 기여할 수 있을지를 알았다. 그는 카보베르데의 상티아구섬 탐사 첫날 일기에 다음과 같이 썼다.

"오늘 나는 마치 장님이 눈을 뜬 것처럼 매우 영광스러운 날을 보냈다."

이러한 이야기들은 과거 그가 행했던 모든 일이 남아메리카 탐험을 위한 준비였음을 보여 준다. 어린 시절 정원에서의 실험실 놀이, 딱정벌레 채집, 새 관찰, 바닷가 산책, 사냥, 알렉산더 폰 훔볼트와 찰스 라이엘의 책 읽기, 식물학과 지질학 강의 듣기 등…….

다윈은 상티아구섬에 도착하기 전날 밤 지질학자 찰스 라이엘의 책을 다시 읽은 덕에 다음 날 관찰할 바위와 화산 현상을 잘 이해할 수 있었다. 이로써 우리는 그가 이미 새로운 자연 현상을 분석하고 가설을 세운 뒤 결론을 도출할 수 있는 지적 능력을 갖추고 있었다고 말할 수 있다.

끊임없이 질문했던 다윈

다윈은 몸으로는 탐험을 하고 머리로는 탐험 결과를 분석하며 여정을 이어 나갔다. 탐험 중 어느 지역에서 말의 이빨 자국 화석을 발견했을 때, 스스로에게 다음과 같은 질문을 했다. '이 말들은 바로 몇 백 년 전 유럽에서 온 것들인데 어떻게 화석이 되었을까? 그동안 지구상에서 사라진 종은 도대체 얼마나 될까? 왜 그토록 많은 변종이 존재하는 것일까?'

그는 안데스산맥을 가로지를 때 나무 기둥 화석을 보았다. 그것은 한동안 바닷속에 잠겨 있다가 나중에 지구의 움직임으로 다시 지표면으로 솟아오른 것이었다. 이를 보고 다윈은 다음과 같이 질문했다. '수천 년간 바위와 지표면에 이런 일이 일어났다면, 이곳에 사는 생명체에게도 그런 일이 일어나지 않았을까?'

그는 갈라파고스 제도에서 그때까지 보지 못한 완전히 새로운 동물들을 발견했지만, 당시까지만 해도 그 위대한 결론을 도출할 준비가 되어 있지 않았다. 하지만 나중에 자신이 관찰했던 새들이 갈라파고스에 고립되어 다른 지역의 새들과 다르게 진화했다고 설명했다.

다윈은 자신의 머리가 수천 시간 동안 돌아가고 있음을 느꼈다.

"나는 매일 밤 그날의 작업을 생각하느라 잠을 거의 자지 못했다."

그러나 다윈의 불면증에는 그만한 가치가 있었다.

메리 헨리에타 킹즐리

서아프리카를 겁 없이 여행한 모험가

남편과 동행하지 않은 여성은 여행할 수 없었던 시대에
메리 킹즐리는 혼자서 서아프리카를 여행했다.
그녀가 남긴 책은 유럽인들이 아프리카인을 보는 방식을 바꾸는 데
중요한 역할을 했을 뿐만 아니라 여성을 보는 시각도 바꾸었다.
극히 평범한 여성인 메리 킹즐리의 독립심과 용기는
여성들도 원하면 여행가나 과학자가 될 수 있고
또 자신이 원하는 삶을 살 수 있음을 보여 주었다.

아프리카 정글에 도착하기까지

메리 킹즐리는 다윈이 《종의 기원》을 출판한 지 얼마 안 된 1862년 런던에서 태어났다. 부모는 당시 전통에 따라 그녀를 학교에 보내지 않고 집에서 가르쳤다. 세상에 대해 더 알고 싶었던 그녀는 아버지의 서재에서 많은 책을 읽었다. 아버지는 과학과 여행 서적을 모으는 수집가로 쉬지 않고 여행을 했다. 메리 킹즐리는 당대의 많은 여성들이 그랬던 것처럼 아랍어, 인류학, 자연과학을 '혼자서' 공부했다.

메리 킹즐리는 30세가 될 때까지 런던 밖에서 보낸 일주일을 제외하고는 집을 떠나 본 적이 없었다. 아버지가 자주 여행을 다녔기 때문에 집안일을 도맡아 하고 남동생과 아픈 어머니를 돌봐야 했다. 그러나 부모님이 돌아가신 후 모든 것이 바뀌었다. 갑자기 혼자가 된 그녀에게 돌봐야 할 가족 대신 엄청난 유산을 상속받게 된 것이다. 메리는 빈둥거리지 않고, 아버지가 생전에 쓰다가 만, 아프리카 부족의 종교적 전통에 대한 책을 완성하고자 했다. 이를 위해 그녀는 자료를 얻으려 아프리카로 갔다.

친구들은 "나라면 가지 않을 거야"라고 했다

당시에는 여성이 남편 없이 혼자 여행하는 경우가 극히 드물었다. 더군다나 그녀는 '백인의 무덤'이라고 불리는 아프리카로 가고자 했다. 그녀를 아는 모든 사람이 치명적인 질병, 위험한 동물, 야생 부족, 열, 모기, 표범, 악어에 대해 경고하며 만류했다.

어떤 아프리카 전문가는 "서아프리카에 가기로 결정했다면, 당신이 택할 수 있는 최선의 방법은 스코틀랜드로 돌아가는 것입니다"라고 조언했다.
하지만 메리는 이런 경고를 귀담아듣지 않았다. 여행을 결심한 그녀는 닥치는 대로 자료를 읽고 서아프리에 있는 정부 관료와 상인들에게 곧 가겠노라 편지를 썼다.

아무도 그녀의 결심을 진지하게 생각하지 않았다. 대영박물관의 어느 한 동물학자만이 그녀에게 물고기와 다른 동물들의 표본을 수집해 달라고 부탁했다. 그녀는 즉시 표본 수집을 위한 최선의 방법을 공부한 후, "종교를 연구하다 보면, 물고기는 저절로 잡힌다"는 농담을 하며 떠났다.

메리 킹즐리는 서아프리카를 두 번 여행했다. 첫 번째 여행에서 그녀는 몇 달간 앙골라 북부에 머무르며 아버지의 책 마무리를 위한 정보를 수집하고, 콩고 강가에서 딱정벌레와 민물고기를 잡았다. 두 번째 여행은 첫 번째 여행보다 좀 더 길었으며, 그때까지 유럽인이 한 번도 가 본 적 없던 지역들을 방문했다.

참고 : 메리 킹즐리가 남긴 책들을 과학 서적이 아닌 에세이로 부르는 것은, 지도가 없어 메리가 모험들이 어디에서 일어났는지는 정확하게 기록하지 못했기 때문이다.

메리 킹즐리는 아프리카 여행 중에도 마치 런던에 있는 것처럼 치장하고 다녔다. 그녀는 더위에도 불구하고 언제나 긴 치마와 모자를 쓰고, 종종 검은 파라솔을 고집했다. 바로 이런 이유로 많은 이들은 그녀를 진정한 "독신 여성"으로 묘사했다.

메리 킹즐리의 여정

메리 킹즐리는 1894년 12월 23일, 옛 친구 머리 선장이 이끄는 바탕가호를 타고 리버풀 ① 을 떠났다.

그들은 카나리 제도 ② 에서 테네리페섬의 화산 폭발을 보았다. 이를 두고 메리는 "인간의 눈이 볼 수 있는 가장 멋진 것 중 하나"라고 표현했다.

시에라리온의 수도 프리타운 ③ 에서는 원주민들이 어떻게 거대한 짐을 머리에 이고 맨발로 빠르게 걷는지를 관찰했다.

1895년 5월, 그녀는 나이지리아 칼라바르 ④ 에 도착했다. 그녀는 자신의 책에 맹그로브 숲의 밤이 낮보다 소란스러웠다고 묘사했다.

"어둠은 여러 가지 소리로 가득 차 있었다. 으르렁거리는 소리, 붕어가 뛰는 소리, 급하게 빨리 걷는 게의 독특한 소리, (…) 나무의 신음, 그리고 가장 초현실적인 소리인 악어들의 한숨 섞인 기침으로 가득 차 있었다."

그녀는 페르난도포(현재의 적도기니 비오코) ⑤ 섬에서 위대한 사냥 부족인 부비족의 습관과 전통을 관찰하고 기록했다.

1895년 6월, 오고우에강(프랑스령 콩고, 현재의 가봉) ⑥ 탐험을 시작하며, 식인 풍습이 있다고 알려진 팽 부족 안으로 들어갔다. 그녀는 이 부족을 가장 좋아하게 되었다. 그들에 대해 다음과 같이 기록했다.

"그들은 표정이 매우 밝고 표현력이 풍부한 부족이다. 그들과 한번 어울리면 절대로 다른 부족과 혼동할 수 없을 것이다."

메리 킹즐리는 작은 카누를 타고 오고우에강을 내려오면서 흥미진진한 모험을 했다. 랑바레네에서 악어가 카누를 공격하자 메리는 필사적으로 도망쳤다.

니코비에 호수 ❼ 에 도착하기까지 외진 지역들을 거쳐야 했다. 메리는 그곳에 도착한 첫 번째 유럽인으로, 서식하고 있는 동물들을 보고 놀라움을 금치 못했다.

어느 날 고릴라가 나무 사이에서 빠른 속도로 움직이는 것을 본 뒤 다음과 같이 썼다.

"사람의 팔이 고릴라에 비해 짧은 것은 신의 최대의 실수이다."

그녀는 표범과 마주친 적도 있는데, 그때의 충격을 이렇게 서술했다.

"표범과 대치한 시간은 20분에 지나지 않았지만, 마치 1년처럼 느껴졌다."

메리 킹즐리는 카메룬으로 돌아가 카메룬산 8 등반을 위한 탐험대를 준비했다. 사람들은 그녀에게 "소풍 가는 게 아니다"라며 포기하도록 종용했으나 그녀는 포기 하지 않았다. 지독한 날씨에도 불구하고, 남동쪽 해안을 따라 정상(4,100미터)에 오른 첫 번째 유럽 여성이 되었다.

그녀는 1895년 11월, 영국으로 돌아갔다.

메리 킹즐리가 아프리카인을 영국인과 동등하게 보았다고 말할 수는 없지만, 그녀는 편견을 없애는 데 일조했다. 자세한 연구를 통해 아프리카의 문화와 법과 종교가 얼마나 풍부하고 복잡한지를 보여 주었고, 그들을 보호해야 한다고 주장했다. 또한 유럽 문화를 전파하고자 하는 선교사들에 대한 비판을 주저하지 않았다.

결론적으로 메리 킹즐리는 문화와 관습의 차이에도 불구하고 아프리카인들을 이방인으로 인정했다. 이는 오늘날 매우 당연한 생각이지만, 19세기 말에는 커다란 변화를 상징했다.

메리 킹즐리는 어떻게 이런 방식으로 세상을 볼 수 있었을까?

일정 기간 현장에서 연구하며 여러 부족들과 함께 살았기 때문이다. 그녀는 그들을 관찰하고 그들의 입장에서 이해하고 많은 면에서 그들을 존중했다. 그 결과 그들은 그녀를 전혀 의심하지 않았다. 그녀는 자신이 가장 존경했던 팽 부족을 이해하고 다음과 같이 썼다.

"팽족과 나 사이에 일종의 친근감이 생겼다. 우리는 같은 인간으로서 서로 싸우기보다는 함께 술을 마시는 것이 더 낫다는 것을 인정한 것이다."

이해하기 위해선 관찰이 중요하다

당시 유럽인들은 아프리카인보다 우월하다고 생각했다. 따라서 아프리카인을 원시적이고 야만적이며 모든 면에서 열등한 것처럼 묘사했다. 포르투갈, 프랑스, 영국, 독일은 아프리카 영토의 상당 부분을 식민지로 삼았다. 이후 노예 제도가 법으로 폐지되었지만 여전히 노예 무역이 존재했다.

물론 메리 킹즐리가 쓴 책들이 아프리카에 대한 유럽인들의 인식을 변화시키는 데 도움을 주었지만, 그렇다고 그녀를 혁명가라고 부를 수는 없다. 왜냐하면 킹즐리는 대영제국에 열렬한 애국심을 갖고 있었기 때문이다. 그럼에도 불구하고 그녀는 아프리카 원주민들의 제도를 존중해야 한다고 말하며 잘못된 권력의 행사를 비판했다.

그녀는 주저 없이 그들로부터 많은 것을 배웠다고 말했다.

"팽족은 나를 교육하기 위해 최선을 다했다. 그들이 자신들의 언어로 설명하면 나는 나의 언어로 말했다.

메리 킹즐리는 페미니스트는 아니었다. 여성 참정권 운동에도 동조하지 않았다. 이런 이유로 그녀는 모순적인 인물이라고 평가되기도 한다. 하지만 그녀는 일생 동안 독립심과 결단력을 보였고 여성과 남성이 같은 능력을 가진 인간임을 실제로 증명했다.

킹즐리는 아프리카 전문가가 되었지만 영국 학계는 그녀를 과학자로 인정하지 않았다. 그 단적인 예로 늘 그녀가 준비한 원고를 남성 학자들이 발표하는 동안 킹즐리는 구석에 앉아 조용히 듣기만 해야 했다.

다행히 상황이 바뀌어 킹즐리는 자신의 위치를 조금씩 찾았다. 이는 내성적이고 보수적인 여성이라고 생각되었던 그녀가 재치와 유머가 가득한 훌륭한 글을 쓰는 사람이라는 평가를 받게 된 덕분인데, 어쩌면 그것은 학계로부터 인정받기 위한 그녀의 노력이었을지도 모른다.

모든 사람들은 자신만의 방법으로 살아간다. 메리 킹즐리 역시 아프리카에서 악어와 표범을 마주쳤을 때, 카누로 강물을 따라 내려왔을 때, 산을 올라갔을 때 그리고 식인 부족과 친분을 쌓았을 때, 남의 눈에 띄지 않지만 자신만의 방법으로 해야 할 일들을 해낸 것이다.

과학적인 관점에서 킹즐리의 공헌은 매우 컸다. 그녀는 인류학 연구 외에도, 지리학의 중요한 자료들을 기록했다. 그리고 그때까지 유럽에 알려지지 않은 새로운 종의 아프리카 물고기들을 찾아냈다. 그중에는 그녀의 이름을 딴 종인 크테노포마 킹즐리에도 있다.

참고 사항

이 책에 기록된 탐험가 일지와 원고의 인용문은 독자들을 위해 일부 각색되었다.
일기와 같은 1차 자료를 구할 수 없는 경우, 자서전의 일부 내용을 실었다.

탐험가가 거쳐 간 장소를 정확하게 찾을 수 없는 경우도 있었다.
그동안 도시의 철자가 변경되었거나 일부 도시의 이름이 바뀌었기 때문이다.

탐험가들의 여정을 전부 표현하는 것이 독자들의 지도 읽기를
더 어렵게 만들 수 있다고 보여져 일부 탐험가들의 여정을 간소화했다.

탐험가들이 겪은 모든 사건을 다 실을 수는 없어서
이 책의 기획 의도에 맞는 흥미로운 사건들을 선별해서 실었다.

참고한 많은 책과 글에서 탐험가들의 이름이 다르게 표기되어 있어서
탐험가들의 이름을 해당 국가의 언어로 표현하려고 노력했다.

글 이사벨 미뇨스 마르틴스

1974년 리스본에서 태어나 리스본 미술 대학에서 커뮤니케이션 디자인을 공부했습니다. 자신이 가장 좋아하는 일, 즉 글쓰기와 이야기 창작을 위해 젊은 화가들과 의기투합해 출판사 플라네타 탄제리나(Planeta Tangerina)를 설립하여 어린이를 위한 도서, 잡지, 애니메이션, 영화 등의 작가로 활동하고 있습니다. 어린 시절부터 단편, 시 그리고 편지 쓰기를 좋아했고 지금까지 출판된 수십 편의 작품들이 포르투갈뿐 아니라 해외에 소개되었습니다. 우리나라에 소개된 그림책으로는《아무도 지나가지 마!》《씨앗 100개가 어디로 갔을까?》《아무도 지나가지 마!》《지구와 물총새》 등이 있습니다.

그림 베르나르두 카르발류

1973년 리스본에서 태어나 리스본 미술 대학에서 커뮤니케이션 디자인을 공부했습니다. 만화책과 여행, 사진, 바다를 좋아하며, 출판사 플라네타 탄제리나의 구성원으로 어린이와 청소년의 책에 일러스트를 그리고 있습니다. 2009년《두 가지 길》로 2회 CJ 그림책상을 수상했으며《느리게 빠르게》로 포르투갈 일러스트레이션상을 받기도 했습니다. 이자벨 미뇨스 마르틴스와 오랫동안 협업해 왔으며, 2018년에는 해양 생태계를 위협하는 플라스틱의 오염상을 폭로한 책《플라스티쿠스 마리티무스》를 펴냈습니다.

옮김 최금좌

한국외국어대학교에서 포르투갈어를 공부하고 브라질 상파울루대학교에서 사회역사학 석사, 기호학 및 일반 언어학으로 문학 박사 학위를 받았습니다. 상파울루대학교에서 한국학을 가르쳤고, 한국외국어대학교 포르투갈어과 겸임 교수로 재직 중이며 포르투갈어는 물론, 브라질 사회와 문화를 이해할 수 있는 지역학을 가르치고 있습니다.